청계천 다리에 숨어 있는
500년 조선 이야기

교과 연계 추천 도서
사회 5-2 1단원 조선 사회의 새로운 움직임
사회 5-2 2단원 새로운 문물의 수용과 자주 독립

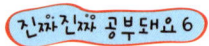

청계천 다리에 숨어 있는
500년 조선 이야기

2015년 6월 30일 개정판 1쇄
2017년 11월 3일 개정판 2쇄

글 김숙분 그림 정림

펴낸이 김숙분   디자인 김은혜   영업·마케팅 이동호   홍보·마케팅 곽현애
펴낸곳 (주)도서출판 가문비   출판등록 제 300-2005-60호
주소 (137-876)서울시 서초구 반포대로 14길 54, 1007호(서초동, 신성오피스텔)
전화 02)587-4244~5   팩스 02)587-4246   이메일 gamoonbee21@naver.com
홈페이지 www.gamoonbee.com   블로그 blog.naver.com/gamoonbee21/
제조국 대한민국   사용 연령 8세 이상
주의사항 종이에 베이거나 긁히지 않게 조심하세요.

ISBN 978-89-6902-100-7 73910

ⓒ 2015 김숙분

• 책값은 뒤표지에 있습니다.
• 잘못된 책은 구입하신 곳에서 바꾸어 드립니다.
• 이 책의 내용과 그림은 저자와 출판사의 허락 없이 사용할 수 없습니다.

청계천 다리에 숨어 있는
500년 조선 이야기

김숙분 글 · 정림 그림

■ 추천사

역사 공부를 재미있게 할 수 있는 좋은 기회

    많은 어려움을 딛고 청계천이 새롭게 태어났습니다. 시원한 그늘을 내어 주는 가로수 밑을 걷다 보면 22개 아름다운 다리를 볼 수 있습니다. 또 물고기와 곤충이 모여 사는 여울도 만날 수 있지요. 청계천 바위 위에 앉아 휴식을 취하는 사람들도 심심찮게 볼 수 있고, 도심에서는 보기 힘든 새들도 더러 눈에 띕니다. 청계천이 복원되기 이전에는 물건을 사고파는 사람들로 북적댔지만 지금은 자연의 냄새가 물씬 풍기지요.

    그런데 청계천에서 우리는 소중한 것을 또 하나 만나게 됩니다. 바로 조선 500년의 역사입니다. 역사를 알지 못하는 사람은 새로운 깨달음을 얻기가 어렵습니다. 역사란 우리가 올바른 방향을 잡을 수 있도록 나침반 역할을 해 줄 뿐 아니라 어려움을 헤쳐 나갈 수 있는 지혜를 주기 때문입니다.

　새로운 변화를 찾아 조선 500년은 늘 꿈틀거렸습니다. 그 한복판에는 언제나 청계천이 있었지요. 자연 공원으로 새로 태어난 청계천에서 느긋한 한때를 보내는 것도 기쁜 일이지만 청계천 다리 하나하나를 밟으며 조선의 역사를 더듬어 보는 것도 의미가 클 것입니다. 그런데 마침 이 책〈청계천 다리에 숨어 있는 500년 조선 이야기〉를 만나게 되었습니다. 무학교, 광통교, 수표교 등 다리마다 숨어 있는 이야기를 재미있게 풀어내고 있어서 흥미로웠습니다. 또 이야기를 따라가다 보면 자연스럽게 조선 시대의 정치, 문화, 경제, 사회까지 알 수 있고 역사적인 인물들을 아주 가깝게 만나 볼 수 있습니다. 아이들에게는 역사 공부를 재미있게 할 수 있는 좋은 기회가 될 것입니다. 이 책을 읽고 청계천을 걷는다면 오늘의 우리를 있게 한 뿌리도 알 수 있겠지요.

　조선 시대와 현재를 이어 주는 청계천 다리를 걸어 보세요. 우리가 소중히 지키고 가꾸어 나가야 할 것이 무엇인지 알게 될 것입니다.

박경숙(경기대학교 교수)

■ 작가의 말

청계천 다리에서
조선 500년의 숨결을 느껴 보길

    나는 종로에서 태어났고 초등학교부터 고등학교까지 종로에서 다녔어요. 어릴 때 어머니는 우리가 다니는 길 아래 청계천이 흐르고 있다고 말씀하시곤 했지요. 나는 왜 개천 위에 길을 만들었는지 이해가 가지 않았어요. 길이 와르르 무너지면 어쩌나 걱정도 많이 했었지요.

    청계천 새물맞이 때 어머니는 굉장히 흥분되어 있었어요. 청계천을 다시 보리라는 건 꿈도 못 꾸셨대요. 그러니 청계천이 흐르게 된 건 기적 같은 일이라 해도 지나친 건 아니지요.

    청계천 다리에는 조선 500년의 이야기가 가득 숨어 있었어요. 다리 이야기를 찾으면서 나는 오늘이 조선의 질긴 끈에 붙잡혀 있다는 걸 알았지요.

이 책을 마친 날, 나는 저녁 늦게 종로에 나갔어요. 갑자기 어린 시절 종을 울리며 지나가던 전차 소리가 들려왔지요. 나는 청계천으로 걸어 내려갔어요. 광통교를 올려다보았고 신덕 왕후의 신장석을 어루만져 보았지요. 청계천은 참 우렁차게 흐르고 있었어요. 그 위로는 별이 돋아나고 있었지요. 장통교, 수표교를 지나는데 조선 사람들의 목소리가 멀리서 들려오기 시작했어요. 나는 정겨워서 혼자 웃었지요. 역사에 대해 깨닫기 시작할 때 우리는 생명을 얻게 된다고 생각합니다.

김숙분

■ 이 책을 읽기 전에

청계천 다리의 역사

북악, 인왕, 남산 등 여러 골짜기의 물이 몰려들어 중랑포를 빠져나가 한강으로 흘러 들어간 물줄기가 청계천이에요. 그런데 청계천은 여느 물줄기와는 달랐어요. 다른 물줄기들은 동에서 서로 흘러 바다로 갔는데 청계천은 반대로 서에서 동으로 흘러 한강으로 갔어요. 그래서 청계천은 나라를 잘되게 하는 명당수로 여겨졌지요.

조선 시대에는 청계천을 개천이라고 불렀어요. 비만 오면 물이 넘쳐 피해가 많아지자 태종 임금 때부터 여러 차례 둑을 쌓거나 폭을 넓혀 개천을 수리했어요. 개천은 '하천을 수리하여 열었다.'라는 뜻이지요.

세종 임금 후반기부터는 개천이 경복궁 안으로도 흘렀어요. 세종 임금께서 오랫동안 조금씩 청계천으로 들어오는 물줄기를 개척했기 때문이지요.

태종 임금과 세종 임금의 노력으로 개천은 서울 도성 인구 10만 명이 쏟아 내는 생활하수를 처리하는 데 별 문제가 없었어요.

그러나 17~18세기에 사정이 달라졌어요. 조선은 1592년 임진왜란과 1636년 병자호란을 겪었기 때문이에요. 그때 사람들이 서울로 몰려들었어요. 1657년 효종 임금 때 8만 명이던 서울 인구는 1669년 현종 임금 때 19만 명으로 늘어났어요. 게다가 사람들은 먹고살 길이 막막해 개천 주변에 채소밭을 만들기 시작했어요. 이렇게 되자 물길이 막혀 물이 잘 빠져나가지 못하는 등 개천은 어려움을 겪게 되었지요. 뿐만 아니라 땔감으로 쓰기 위해 나무를 마구 베어 내는 바람에 조금만 비가 와도 민둥산에서 흙이 쓸려 내려와 개천을 메워 버리곤 했어요.

영조 임금은 개천에 두텁게 쌓인 흙을 걷어 내고 개천의 깊이와 폭을 예전처럼 만드는 사업을 시작했어요. 또 개천 양옆에 버드나무를 심어 비가 와도 무너지지 않도록 보호했어요.

하지만 일제 강점기에 개천은 여러 가지 변화를 겪게 되었어요. 우선 1914년 일제에 의해 조선의 하천 명칭들이 정리될 때 개천에서 청계천이라는 이름으로 바뀌게 되지요. 1945년 해방이 될 때쯤 청계천에는 더러운 흙과 쓰레기가 바닥을 덮고 있었어요. 그 양옆으로 어지럽게 판잣집이 늘어서 있었고 오물이 쏟아져 나왔지요.

1950년대의 청계천은 식민지와 전쟁을 겪은 나라의 가난하고 어수선한 상황을 영락없이 보여 주었어요. 그것을 해결하는 가장 손쉬운 방법은 청계천을 콘크리트로 덮어 버리는 것이었어요. 1955년 광통교 상류 약 136미터를 복개한 것을 시작으로 마장동까지 총길이 5.6킬로미터, 폭 16미터의 청계 고가도로가 1971년 8월 15일 완공되었지요. 판잣집을 헐고 현대식 상가 건물을 세웠으며 복개한 도로와 고가도로 위를 자동차가 달렸어요.

청계천 도로 가장자리에는 공구상, 신발 상회, 의류 상가, 헌책방, 벼룩시장이 빽빽이 들어서고 수많은 사람이 오고 갔지요. 점점 시끄럽고 복잡해졌을 뿐 아니라 복개된 청계천 아래로 들어가 보면 언제 무너질지 모르는 콘크리트 구조물이 버티고 있어 위험하기 짝이 없었어요. 이렇게 40여 년이 또 흘러갔지요.

마침내 복개한 청계천을 뜯어내고 옛 청계천을 찾아야 한다는 말이 나오기 시작했어요. 하지만 그것이 쉬운 일은 아니었어요. 우선 20여만 대 차들이 통과하는 길을 없애야 한다는 것과 6만여 명 상인이 일자리를 잃는다는 것, 60만 톤에 달하는 철근, 콘크리트 쓰레기 처리 문제, 광교, 수표교 등을 본래의 모습으로 만들 수 있느냐 등이었어요. 하지만 결국 2003년부터 청계천 되돌리기가 시작되었지요. 그리고 청계천은 아름답고 맑은 모습으로 우리에게 돌아왔어요.

청계천은 단순한 하천이 아니라 500년 조선의 역사와 서울 사람들의 생활이 있는 곳이에요. 그곳은 공공의 놀이터이기도 했지요. 명절 때마다 다리밟기, 연등 행사, 편싸움 등 민속놀이가 펼쳐지는 장소였어요. 또 청계천 다리는 단순히 물을 건너는 곳이 아닌 모임의 장수였으며 사람들이 쉬어 가는 쉼터였지요. 다리가 있어 동네 이름이 생겨나기도 했고 동네 이름을 다시 다리 이름으로 삼기도 했어요. 청계천 다리들은 저마다의 이야기를 담고 있지요.

지금은 청계천에 다리 22개가 새롭게 놓였어요. 특별히 청계천 지하에 묻혀 있던 광통교는 원래 위치에서 상류 155미터 지점에 복원되었어요. 창덕궁 및 탑골 공원에 흩어져 있던 광통교 부분들이 돌아와 만났지요.

청계천은 얼마나 행복할까요? 청계천 물줄기는 우리에게 참 좋은 것이에요. 지금까지 우리를 위해 흘렀고 지금도 흐르고 있으니까요. 그 위에 놓인 다리들이 우리에게 이야기를 내어 놓지요. 다리들은 그때 일을 고스란히 기억하고 있답니다.

차례

제1장 무학 대사를 기념하는 무학교 … 15

제2장 살곶이벌에 세워진 살곶이다리 … 24

제3장 신장석으로 놓은 광통교 … 32

제4장 팽형을 집행하던 혜정교 … 38

제5장 앙부일구가 놓인 혜정교 … 45

제6장 세계 최초의 발명, 수표교 … 51

제7장 배오개다리 아래 찾아오는 전기수 … 57

제8장 하정 유관 선생을 기리는 비우당교 … 67

제9장 단종이 정순 왕후와 이별한 영도교 … 76

제10장 임금과 백성이 만난 광통교 … 84

제11장 장통방을 습격한 임꺽정 … 93

제 12 장 청계천 다리밟기와 이안눌 이야기 … 102

제 13 장 장동방에 살던 역관의 딸 징옥징 … 113

제 14 장 청계천을 가장 사랑한 왕, 영조 … 122

제 15 장 거지들의 보금자리, 청계천 다리 밑 … 129

제 16 장 정조 대왕 능행 반차도 … 135

제 17 장 모전 앞에 세워진 모전교 … 144

제 18 장 마전 앞에 세워진 마전교 … 151

제 19 장 실학자 다산 정약용을 기리는 다산교 … 159

제 20 장 고산자 김정호를 기리는 고산자교 … 168

제 21 장 3 · 1운동을 기념하는 삼일교 … 178

제 22 장 오간수교를 건너 떠난 마지막 왕 … 186

부록 … 193

제 1 장
무학 대사를 기념하는 무학교

무학은 1327년 경상도 합천에서 태어났어요. 무학의 부모는 고려 말 바닷가를 자주 노략질하던 일본의 도둑 떼에게 끌려가다 간신히 도망쳐서 안면도에 숨어들었어요. 그리고 그곳에서 갈대를 꺾어 삿갓을 만들어 팔며 가난하게 살았지요.

무학은 18세에 집을 떠나 혜명 스님 아래에서 공부하다 원나라로 유학을 떠났어요. 그곳에서 역시 유학 중이던 유명한 나옹 혜근 스님★을 만나 제자가 되었어요.

나옹 혜근 스님은 공민왕★의 왕사(왕의 스승)였어요. 나옹 혜근 스님의 다른 제자들은 무학이 천민이라며 배척했어요.

나옹 혜근 스님(1320~1376)
1320년에 태어나 원나라로 건너가서 불법을 공부하고 10년 후 1358년 귀국하여 신광사에 머무르면서 후학들을 지도하였다. 1371년 공민왕의 왕사에 봉해졌다.

공민왕(恭愍王 1330~1374)
고려 제31대 왕(재위 1351~1374)으로 비는 원나라 위왕의 딸 노국대장공주이다. 원나라 배척운동을 통해 몽골풍, 몽골 연호·관제를 폐지하고 신돈을 등용하여 개혁 정치를 펼쳤다.
공민왕은 빼앗긴 영토를 회복하려고 노력한 왕이다.

무학대사 (1327~1405)
조선 개국 직후 왕사를 지냈다. 18세에 소시 선사의 제자로 승려가 되었고, 혜명 국사에게 불법을 배웠다. 진주 길상사, 묘향산, 금강굴 등에서 수도하다가 1353년 공민왕 때 원나라로 유학을 다녀왔다. 이성계가 도읍을 한양으로 옮기는 데 도움을 주었다.

이성계 (1335~1408)
1364년 원나라 연경에 있던 최유가 1만 명의 군대로 평안도에 침입하여 공민왕을 폐하려 하자 최영과 함께 이들을 달천강에서 대파하고, 이어 여진족이 함경도 화주에 침입한 것을 격퇴하여 무인으로서의 비범한 능력을 보여 주었다. 1388년(우왕 14년) 요동정벌이 결정되었을 때, 군사를 이끌고 북진하다가 위화도에서 회군(回軍), 최영을 제거하고 막강한 권력을 장악하였다. 1392년(공양왕 4년) 정몽주를 제거, 그 해 7월 스스로 새 왕조의 태조가 되었다.
이듬해 국호를 조선이라 정하고 1394년(태조 3년) 도읍을 한양으로 옮겼다.

그래서 무학은 나옹 혜근 스님의 곁을 떠나왔어요. 그리고 홀로 토굴 속에서 살며 열심히 공부하고 수도 생활에 전념했어요. 고려 말 많은 사람들이 이런 무학 대사★를 존경했지요.

어느 날 이성계★는 토굴로 무학 대사를 찾아갔어요. 통나무 세 개를 지고 나오는 꿈을 꾸었는데 그 뜻을 알고 싶었기 때문이었지요. 이성계의 꿈 이야기를 듣고 무학 대사는 놀라며 말했어요.

"통나무 세 개는 임금 왕(王)자를 뜻하는 것입니다. 당신은 장차 왕이 될 것입니다."

이때부터 이성계는 무학 대사를 스승으로 삼았을 뿐 아니라 늘 가까이 머물며 도움을 청하곤 했어요.

1377년 이성계는 고려에 쳐들어오는 일본군을 경상도, 전라도, 지리산 등에서 크게 무찌르며 고려를 지키는 데 큰 공을 세웠어요. 그런데 명나라가 또 고려를 괴롭혔어요. 무리하게 공물을 바치라고 했고 철령 이북 땅을 차지하겠다고 위협하기도 했어요. 최영★은 명에게 계속 당할 수 없으니 요동으로 쳐들어가자고 의견을 내세웠어요.

마침내 1388년 5월 이성계와 조민수는 군대 5만 명을 이끌고 압록강으로 올라갔어요. 그런데 갑자기 장마가 져서 강물이 불어나 압록강을 건널 수가 없었어요. 이성계와 조민수는 압록강 하류의 위화도로 우선 피했어요. 이런 상황인데도 우왕과 최영은 요동 정벌을 독촉했어요. 모든 군대는 우왕과 최영의 결정을 못마땅하게 생각했지요. 결국 이성계와 조민수는 군대를 이끌고 개경(고려의 수도로 개성의 옛 이름)으로 돌아와 최영과 싸움을 벌였어요.

고려 말은 사회가 몹시 혼란했어요. 백성들의 마음이 이성계에게 기울자 힘을 얻은 이성계는 결국 고려를 쓰러뜨리고 권력을 차지했어요. 최영은 이성계에게 결국 죽임을 당했어요. 무학 대사의 예언이 맞은 것이지요. 이성계는 왕이 되었고, 나라 이름을 '조선'으로 바꾸었어요.

어느 날 이성계는 또 꿈을 꾸었어요. 왕관을 쓰고 왕의 옷을 입은 사람이 나타나 이성계를 쏘아보며 이렇게 말하는 것이었어요.

"네놈이 우리 자손을 모두 죽였으니 어찌 원한이

최영 (1316~1388)

최영은 공민왕이 죽은 후 우왕을 보호하며 이성계와 함께 북으로는 홍건적을, 남으로는 왜구를 막아내며 고려를 외침으로부터 지켜 낸 대표적 장군이다. 이때 명나라가 철령 이북의 땅을 반납하라고 억지를 부렸는데 최영은 이에 반발하고 요동 정벌을 주장했다. 그러나 이성계는 시기가 군사를 움직이기 어려운 여름인 점과 남쪽에 왜구가 들끓을 것에 대한 우려, 소국이 대국을 칠 수 없다는 주장을 내세우며 최영의 요동 정벌에 맞섰다. 최영의 보호를 받고 있던 우왕은 최영의 손을 들어주었지만, 그가 자신의 곁을 떠나는 것은 원치 않았다. 결국 최영은 남고 이성계가 명나라를 치기 위해 떠났는데 북쪽으로 가던 중 위화도에서 장마를 만나 섬에 갇히게 되었다. 이성계는 군대를 전진시킬 수 없게 되자 여러 차례 회군의사를 고려 조정에 아뢰었다. 하지만 우왕과 최영이 이를 허락하지 않자 이성계는 왕명을 거역하고 군대를 돌려 신진 사대부와 신흥 무장 세력들의 지지를 얻어 정권을 탈취하였다.
원래 성품이 강직하고 올곧았던 최영은 자신에게 탐욕이 있었다면 무덤에 풀이 자랄 것이고 결백하다면 풀이 자라지 않을 것이라고 유언을 하고 최후를 맞이하였다. 그런데 실제로 그의 무덤에는 오랜 세월 동안 풀이 자라나지 않았다. 현재 경기도 고양에 있는 최영 장군의 무덤에는 내내 풀이 자라지 않다가 1976년부터 풀이 돋기 시작해 현재는 무성하다.

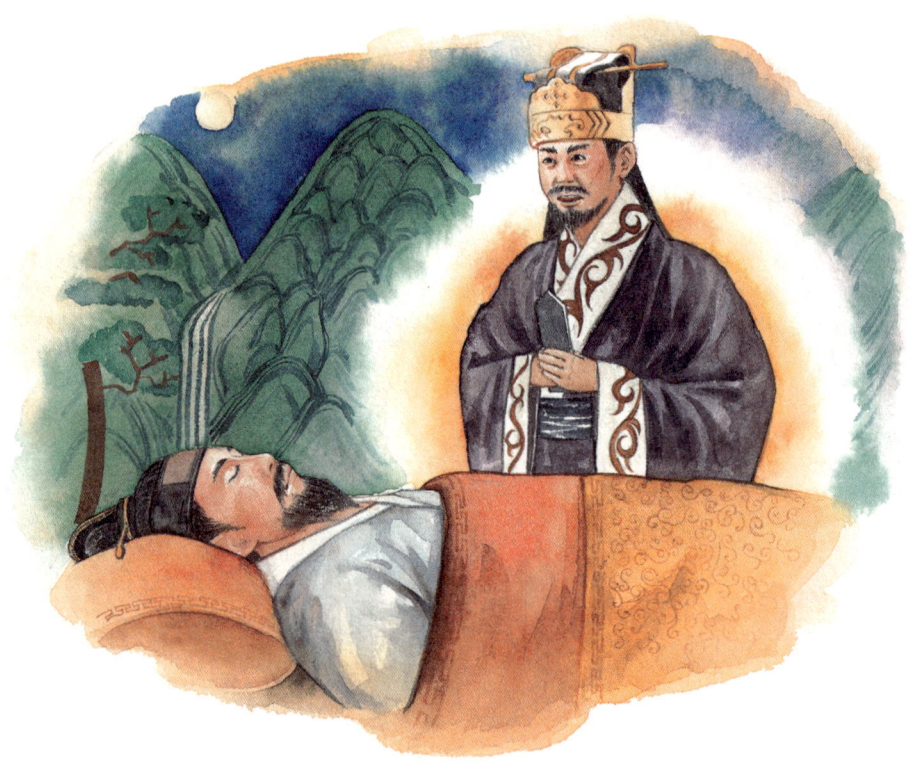

없으리오!"

이성계는 깜짝 놀라 잠에서 깨어났어요. 그리고 무학 대사에게 꿈 이야기를 했어요.

"꿈에 나타난 왕은 분명 왕건*일 것입니다."

이성계가 이렇게 말하자 무학 대사는 고개를 끄덕였어요. 그리고 말했어요.

"폐하, 새 도읍지를 찾는 것이 좋겠습니다."

이성계는 무학 대사를 보며 말했어요.

"어디가 좋겠소? 새 도읍지를 좀 알아봐 주시오."

이성계의 부탁으로 무학 대사는 새 도읍지를 찾아 나섰어요. 무학 대사는 걸어 걸어 남쪽으로 내려와 청계천에 도착했어요. 당시 그곳은 아무도 관심 없는 시골 땅에 불과했어요. 무학 대사는 청계천을 따라 계속 걷다 왕심평에 도착했어요.

'음, 이곳이 참 좋겠는걸. 앞에 물이 흐르고 궁궐을 짓기 좋은 넓은 벌판이니…….'

무학 대사가 그런 생각으로 주변을 살피고 있는데 저편에서 백발노인이 소를 타고 왔어요. 노인은 무학 대사 옆을 지나치며 이렇게 중얼거렸어요.

"이놈의 소는 미련하기가 꼭 무학 같구나."

이 소리를 들은 무학은 자기 귀를 의심했어요.

'무학이라고? 날 두고 하는 소린가?'

그런데 이번에는 꽤 큰 소리로 말하는 것이었어요.

"어찌 좋은 자리를 두고 엉뚱한 곳만 찾을꼬!"

그제야 무학 대사는 노인에게 달려갔어요.

"노인장께서는 어디 사시는 뉘시온데 저를 아십니까?"

노인은 그 소리는 들은 척도 않고 말했어요.

> **왕건 (877~943)**
> 궁예의 부하였으나 918년 홍유·배현경 등에 의해 왕으로 추대되어 즉위, 국호를 '고려'로 정했다. 이듬해 수도를 송악으로 옮기고 융화 정책·북진 정책·숭불 정책을 건국 이념으로 삼아 정책을 펴나갔다. 935년 투항해 온 신라 경순왕을 맞아 평화적으로 합병하고 이듬해에는 앞서 항복해 온 견훤과 함께 신검(神劍)의 후백제를 공격, 이를 멸망시켜 마침내 후삼국을 통일하였다.

"여기에서 북동쪽으로 십 리를 가면 아주 좋은 땅이 나온다네!"
무학 대사는 다급하게 다시 한 번 물었어요.
"북동쪽으로 십 리라고 하셨습니까?"
"그렇소! 왕(往) 십 리 하시오!"
노인은 큰 소리로 이렇게 말했어요.

왕십리란 십 리를 가라는 뜻이지요. 노인은 이렇게 말하고 빙그레 웃으며 길을 재촉했어요. 무학 대사는 달려가 노인 앞에 무릎을 꿇으며 말했어요.

"어디에 사시는 뉘시옵니까?"

"나는 무학봉에 산다오."

노인은 그 말을 마치고 사라졌어요.

무학 대사는 얼른 무학봉으로 올라가 보았지만 그곳에는 아무도 살고 있지 않았어요. 무학 대사는 서둘러 노인이 알려 준 대로 왕심평에서 북동쪽으로 십 리를 걸어 올라갔어요. 뒤에는 북악산이 펼쳐져 있고 앞에는 청계천이 흐르는 곳이었어요. 무학 대사는 북악산에 올라가 다시 한 번 멀리서 궁궐 터를 살펴보았어요. 멀리 한강이 굽이굽이 흐르고 그 안쪽에 남산이 아담하게 솟아 있었어요. 무학 대사는 마음이 흐뭇했어요.

'폐하께서도 이곳을 보시면 기뻐하실 거야.'

이렇게 해서 한양이 조선의 새 도읍지가 되었어요. 이성계는 백발노인이 일러 준 곳에 경복궁★을 짓기 시작했어요. 넓고 아름다운 궁궐이었어요. '경복'이란 이름은 중국에서 가장 오래된 시집 〈시경〉★에서 따온 것으로 큰 복을

경복궁

1963년 1월 21일 사적 제117호로 지정되었다. 조선을 세운 이성계가 고려의 서울인 개경으로부터 도읍을 한양으로 옮긴 뒤 궁궐과 종묘를 짓겠다고 산천신(山川神)에게 고사하고, 주야로 작업을 진행하여 1395년 9월에 낙성을 보게 되었다.

景(볕 경) 福(복 복) 宮(궁궐 궁)

시경 (詩經)

고대 중국의 시가를 모아 엮은 오경(五經)의 하나로, 본래는 3,000여 편이었다고 전하나 공자에 의해 305편으로 간추려졌다. 『사기』에 의하면 공자가 311편을 가려냈다 하나 이 중 여섯 편은 제목만 전한다.

빈다는 뜻이지요.

한양으로 도읍을 옮긴 이듬해 1395년 9월 드디어 경복궁이 다 지어졌어요. 그리고 조선의 도읍지가 완성된 것을 축하하는 잔치가 벌어졌어요. 경복궁 안에 아름다운 음악이 울려 퍼졌어요. 이성계는 무학 대사가 고마워서 가까이 오라고 말했어요. 그리고 이렇게 말했어요.

"무학 대사, 어서 맛있는 음식을 많이 들도록 하시오."

무학 대사가 음식을 먹자 이성계는 이렇게 농담을 했어요.

"오늘따라 무학 대사가 꼭 돼지 같아 보이는구려."

그러자 다른 신하들이 껄껄 웃었어요. 무학 대사는 조용히 이렇게 대답했어요.

"전하께서는 꼭 부처님처럼 보이십니다."

이성계는 조금 미안한 생각이 들었어요.

"나는 돼지라고 했는데 왜 무학 대사는 나를 부처라고 하는 거요?"

그러자 무학 대사는 주저하지 않고 이렇게 말했어요.

"돼지에겐 돼지만 보이고 부처님에겐 부처님만 보이는 법이지요."

신하들은 깜짝 놀라 이성계의 눈치를 살폈지만 오히려 이성계는 껄껄 웃었어요.

"무학 대사는 과연 나의 스승이시오."

이렇듯 이성계에게 무학 대사는 평생 동안 소중한 사람이었어요. 무학 대사는 이성계에게 왕이 될 수 있다는 확신을 심어 주었을 뿐 아니라 이성계 곁에서 조선을 위해 온 힘을 쏟은 사람이지요.

무학 대사가 노읍시를 찾아 내려왔던 왕심평은 그 뒤로 왕십리리는 새로운 이름으로 불리게 되었어요. 그리고 왕십리 앞에 흐르는 청계천에는 다리가 하나 세워졌지요. 그 다리는 무학 대사의 이름을 기념하여 무학교라고 부른답니다.

제 2 장
살곶이벌에 세워진 살곶이다리

이성계가 청년 장군일 때 일이에요. 어느 날 사냥을 하던 이성계가 황해도 곡산군을 지나치고 있었지요. 말을 달리며 사냥을 하던 중이라 목이 몹시 말라 물을 찾았어요. 마침 이성계는 아름다운 아가씨가 우물가에 있는 것을 보았어요. 이성계는 얼른 그쪽으로 가서 아가씨에게 물 한 모금을 청했어요.

"예, 잠시만 기다려 주십시오."

아가씨는 상냥하게 말하곤 바가지에 깨끗한 물을 떴어요. 그리고는 버들잎을 한 장 따서 물에 띄워 조용히 내밀었어요.

"버들잎은 무엇이오?"

이성계는 이상해서 물었어요.

"목이 몹시 마르신 것 같은데 급히 드시면 체하실까 봐서요. 버들잎을 불어 가며 천천히 드십시오."

이성계는 아가씨의 지혜로운 행동에 감동했어요. 아가씨는 판삼사사 강윤성의 딸로 후에 이성계가 아내로 맞게 되지요. 바로 제2왕비인 신덕 왕후예요. 신덕 왕후 강씨는 방번과 방석 왕자를 낳았어요.

하지만 이성계에게는 17세 때 결혼한 부인이 있었어요. 동북면 화주 출생 신의 왕후 한씨예요. 신의 왕후 한씨가 낳은 왕자는 여섯 명으로 방우, 방과, 방의, 방간, 방원, 방연이었어요. 신의 왕후 한씨는 안타깝게도 이성계가 왕위에 오르기 전에 죽고 말았지요.

　1396년(태조 5년) 이성계는 세자를 정하느라 고민에 빠졌어요. 당연히 세자는 맏아들인 방우로 정해져야 했지만 방우는 이성계가 고려를 무너뜨린 것을 반대하고 부끄러워했어요. 그래서 해주 산속으로 들어가 버렸지요.

　이성계는 사랑하는 신덕 왕후 강씨가 낳은 막내아들 방석을 세자로 정했어요. 그러자 신의 왕후 한씨의 왕자들은 못마땅했어요. 그중 다섯째 아들 방원은 도저히 이성계의 결정을 받아들일 수 없었어요.

　'두고 봐라. 왕은 나야.'

　그렇게 다짐하고 또 다짐했어요. 방원은 계속 기회를 엿보았어요.

　그런데 갑자기 신덕 왕후 강씨가 1396년 8월 13일 세상을 떠났어요. 신덕 왕후를 몹시 사랑하던 이성계는 깊은 슬픔에 빠져 4일간이나 조회를 정지하고 흰 옷으로 갈아입고 친히 신덕 왕후의 무덤 자리를 구하러 다녔어요. 그곳이 바로 정릉(지금의 정동 4번지)이었지요. 정릉은 경복궁에서 빤히 내다보이는 곳이었어요.

　이성계는 제주도의 유명한 석공들을 불러와 신덕 왕후의 무덤에 쓸 돌들을 조각하게 했어요. 석공은 길이가 2.4미터, 넓이가 약 1미터 정도 되는 화강암에 구름 무늬와 당초 무늬를 조각하고 그 가운데 나쁜 귀신을 내몬다는 신장의 모습을 새겨 넣었어요. 머리에 보관(투구)을 쓰고 양 소매를 가운데 모으고 있는 모습이었지요. 이성계는 이 신장석(神 귀신 신 將 장수 장 石 돌 석 : 잡귀를 잡기 위해 무덤에 둘러친 돌)으로 신덕 왕후의 무덤을 만들게 했어요. 그리고 정릉 근방에 흥천사라는 절을 세워 아침저녁으로 신덕 왕후를 위해 기도하게 했어요.

이렇게 정신없는 기회를 틈타 이방원은 1차 왕자의 난을 일으켰어요. 1398년 8월 경복궁으로 쳐들어가 세자 방석과 그의 형 방번을 죽였어요. 이성계는 너무 큰 충격을 받아 둘째 아들 방과를 왕으로 세운 뒤 왕위에서 물러났어요.

하지만 방원은 2차 왕자의 난을 일으켜 자신을 내쫓으려는 형 방간을 내몰고 방과(정종)를 왕위에서 물러나게 한 뒤 스스로 왕위에 올랐어요. 그가 바로 태종 임금이에요.

이성계는 태종을 결코 용서할 수 없었어요. 그래서 태종이 보이지 않는 곳으로 떠나기로 했어요.

"태상왕 전하, 부디 고정하소서!"

모든 신하들이 이성계를 말렸지만 이성계는 시종 몇 명만 거느린 채 소요산으로 떠났다가 곧 고향 함흥으로 갔지요. 이성계는 왕이 되려고 자식들끼리 피를 흘린 것을 생각하니 너무 슬펐어요.

태종도 마음이 괴로웠어요. 그래서 차사를 보내 이성계를 모셔 오도록 했어요. 차사란 왕이 중요한 임무를 위해 보내는 관리지요. 하지만 함흥으로 간 차사는 한결같이 돌아오지 않았어요.

이성계는 태종이 보낸 차사들이 보기 싫었어요. 그래서 차사들이 찾아오면 죽이거나 잡아 가두고 보내지 않았던 것이에요. 그 뒤 심부름 간 사람이 소식이 없거나 돌아오지 않을 때 '함흥차사'라는 말을 쓰게 되었지요.

태종은 가슴이 아팠어요. 그러다 문득 무학 대사를 보내야겠다는 생각이 들었어요. 태종은 무학 대사를 불러 간곡히 부탁했어요.

"꼭 부왕의 마음을 돌려 주십시오."

무학 대사는 어미 소와 송아지를 끌고 이성계가 머물고 있는 함흥 별궁으로 찾아갔어요. 무학 대사가 찾아왔다는 말을 들은 이성계는 달려 나와 눈물을 글썽이며 맞이했어요.

"오, 잘 와 주셨소."

무학 대사도 한참 동안 이성계의 손을 놓지 못했어요.

송아지는 계속 어미 소를 떠나지 않고 있었어요. 무학 대사는 태종이 이성계에 대한 불효를 깊이 뉘우치며 이성계가 한양으로 돌아오기를 몹시 기다리고 있다고 말했어요. 그 마음은 송아지가 어미 소를 떠나지 못하는 마음과 같다고 말했지요.

무학 대사가 찾아와 이야기하니 비로소 이성계의 마음이 조금씩 풀어졌어요. 그리고 마침내 한양으로 돌아갈 것을 결심했지요.

이성계가 한양으로 돌아온다는 소식을 들은 태종은 창덕궁*을 지으라고 명령을 내렸어요.

태종은 직접 뚝섬으로 나가 이성계를 맞기로 했어요. 이때 태종의 충실한 신하였던 하륜은 이렇게 말했어요.

"상왕(자리를 물려준 왕) 전하께서 아직 노여움이 가시지 않은 것 같습니다. 그러니 굵은 기둥을 준비해야 하옵니다."

갑자기 이성계가 태종을 화살로 쏠 수도 있기 때문에 그렇게 말한 것이었어요. 태종은 하륜의 말대로 하라고 지시했어요. 이성계가 오는 길에 볕을 가리기 위한 지붕을 만들면서 그 아래 굵은 기둥을 세우라고 했지요.

창덕궁
1963년 1월 18일 사적 제122호로 지정되었다. 1405년(태종 5년) 완공되었으며, 면적 43만 4877㎡이다.
창녁궁은 금원을 비롯하여 다른 부속 건물이 비교적 원형으로 남아 있어 가장 중요한 고궁의 하나이며 1997년 유네스코 세계 문화유산으로 등록되었다.

이성계는 마침내 뚝섬에 도착했어요. 그런데 이성계는 멀리 태종이 자신을 맞기 위해 서 있는 것을 보는 순간 갑자기 방석이 떠올랐어요. 이성계는 불같이 화가 치밀어 태종에게 활을 쏘았어요. 태종은 재빨리 기둥 뒤로 숨었어요. 이성계의 화살은 빗나갔지요. 그때부터 뚝섬을 살곶이벌이라고 불렀어요. 화살이 꽂혔다는 뜻이지요.

기둥 뒤로 피한 태종을 보고 이성계는 태종을 미워했던 마음을 버리기로 결심했어요. 태종은 이성계를 극진히 모셨어요.

1408년(태종 8년) 5월 24일 74세에 이성계는 창덕궁에서 태종이 지켜보는 가운데 조용히 눈을 감았어요.

태종의 아들 세종 때 살곶이벌에 다리가 놓여졌어요. 이때 상왕이었던 태종은 직접 다리 놓는 것을 감독했어요. 그리고 '살곶이다리'라고 이름을 붙였지요.

뒤에 성종은 살곶이다리의 길이와 폭을 훨씬 넓혔어요. 살곶이다리는 태종과 성종의 능으로 가는 길목이 되기도 했지요.

청계천 다리 중 유일하게 제자리에 남아 있는 다리가 살곶이다리예요. 성동구 행당동에 있어요.

제 3장
신장석으로 놓은 광통교

비록 형제를 죽이고 왕이 되었지만 태종은 백성을 사랑하고 나라의 기틀을 확고하게 잡았어요. 그런데 태종에게는 한 가지 못마땅한 게 있었어요. 경복궁에서 빤히 보이는 곳에 신덕 왕후 강씨의 무덤이 있는 것이었어요. 태종이 계모인 신덕 왕후 강씨를 좋아할 리 없었어요. 태조 이성계가 죽은 후 태종은 신덕 왕후 강씨의 무덤부터 옮기라고 명령했어요. 아무리 왕족일지라도 도성 안에 무덤을 써서는 안 된다는 규칙을 내세웠지요.

결국 신덕 왕후 강씨의 무덤은 동소문★ 밖 사을한리(서울 성북구의 서북쪽에 위치한 동 이름)로 옮겨졌어요. 이때 이성계가 제주도의 석공들을 불러 공들여 새긴 아름다운 신장석들은 정릉에 그대로 버려졌지요.

1410년 태종이 왕위에 오른 지 10년이 되던 때였어요. 계속 날이 가물어

논밭이 거북의 등처럼 갈라졌어요. 백성들은 하늘을 바라보며 비가 내리길 기다리고 또 기다렸어요.

'7월에는 늘 장마가 졌는데……. 제발 비가 왔으믄…….'

그러자 곧 그 소원이 이루어졌어요. 밤중에 비가 내리기 시작했지요. 그런데 그 빗줄기가 갑자기 굵어졌어요. 비바람도 몰아쳤지요. 조금 지나니 우두둑우두둑 벼락도 쳤어요. 그래도 그동안 워낙 가물어 빗줄기는 마른 땅속으로 스며드느라 바빴지요. 그만큼만 오고 그치면 좋으련만 비는 몇 날 며칠 멈추지 않았어요. 폭풍우는 사납게 땅을 쓸어내렸어요.

비는 그렇게 한 달 동안 계속되었어요. 세상은 온통 물바다가 되었어요. 청계천도 어디까지가 하천이었는지 알 수 없을 만큼 콸콸 흘렀어요. 그해 큰비로 죽은 사람이 셋이나 되었고 청계천의 다리들도 쓸려 내려갔지요. 그 당시 청계천 다리들은 나무나 흙을 쌓아 만든 것이었어요. 그러니 비

한양의 4대문과 4소문

도성의 동대문인 흥인지문, 보물 제1호 | 1915년에 헐린 서대문인 돈의문 | 남대문인 숭례문 국보 제1호 | 북대문인 숙정문

동소문인 혜화문 | 서소문인 소의문 | 남소문인 광희문 | 북소문인 자하문

만 오면 쓸려 내려가는 것은 당연했지요. 다리가 끊기면 교통에도 비상이 걸렸어요. 태종은 이대로는 안 되겠다고 생각했어요.

'나무도 흙다리도 소용이 없어. 돌다리를 만들어야 해.'

태종은 우선 사람들이 가장 많이 다니는 광통교, 혜정교, 금천교를 돌로 만들어야겠다는 계획을 세웠어요. 태종은 정릉에 버려진 돌들이 생각났어요. 네모반듯하고 단단한 돌로 다리를 놓으면 그만이겠다는 생각이 들었지요. 그래서 이렇게 명령을 내렸어요.

"정릉의 돌들을 가져다 우선 광통교를 놓아라."

명령을 받은 한성부(서울의 행정을 맡아보던 관청)에서는 아무 거리낌 없이 정동 마루턱에 남아 있던 정릉의 돌들을 날라 왔어요. 신장이 새겨진 네모 반듯한 돌 12개였어요. 그것으로 광통교의 기초를 놓아 사람들이 밟고 다니게 했지요.

신덕 왕후 강씨의 무덤은 조선 시대 최초의 능묘(왕이나 왕비의 무덤)여서

광통교
1410년(태종 10년) 신덕 왕후의 옛 무덤에 있던 돌을 옮겨와 세운 도성 내 최대의 다리로 어가와 사신 행렬이 지나가는 주요 통로이자 가장 많은 사람들이 왕래했던 다리이다. 1958년 청계천 복개와 함께 도로 밑에 묻혔다.

신장석으로 놓은 광통교 **35**

고려 시대 능묘의 모습을 그대로 잇고 있었어요. 그래서 광통교의 기초로 쓴 신장석은 아주 소중한 문화재이지요. 그런데 태종은 이 신장석을 다리의 기초로 삼을 때 거꾸로 묻게 했어요. 사람들은 광통교 아래로 내려와 다리 밑에 거꾸로 놓인 신덕 왕후의 신장석을 보며 마음 아파하곤 했지요.

그 뒤에도 신덕 왕후의 신장석은 계속해서 고통을 당했어요. 1923년 일본은 하수도를 만들기 위해 신장석에 둥근 구멍을 뚫어 콘크리트로 된 큰 하수관을 박았어요. 신장석은 오물로 시커먼 때가 가득 끼었어요. 그러다 결국 1958년 청계천을 복개하면서 도로 밑에 묻혔지요.

하지만 우리는 청계천 복원 공사로 광통교를 다시 찾게 되었어요. 2010년은 광통교가 세워진 지 600년이 되는 해이기도 하지요.

신덕 왕후 신장석
거꾸로 세워진 채로 쌓여진 신덕 왕후 신장석의 모습이다. 태종은 계모인 신덕 왕후의 무덤에 사용된 신장석을 가져다 광통교를 만들었는데, 신장석을 거꾸로 쌓아서 신덕 왕후에 대한 증오심을 드러냈다.

복원된 광통교

한편 사을한리로 옮겨진 신덕 왕후의 무덤은 주인 없는 무덤으로 버려져 있었어요. 풀이 무성하게 나고 돌들은 무너져 그것이 누구의 무덤인지조자노 알 수 없는 지경이 되었어요.

170년 후 1581년(선조 14년)에 율곡 선생★은 '신덕 왕후 강씨는 태조 임금과 함께 모셔야 하는데 아무 까닭 없이 제사도 지내지 않는 것은 옳지 않으며 무덤도 잘 고쳐야 합니다.' 라고 주장했어요.

1669년(현종 10년) 우의정 송시열★은 '태조 임금은 강비를 몹시 사랑하셔서 강비가 세상을 떠났을 땐 재 올리는 소리를 듣고서야 식사를 하셨습니다. 그런데 이처럼 무덤을 버려두는 것은 옳지 않습니다.' 라며 왕비의 무덤답게 만들어야 한다고 주장했어요. 현종은 예조참의 이준효에게 송시열의 주장대로 강비의 무덤을 잘 고치라고 명령했어요. 그제야 사을한리는 왕비의 능답게 꾸며졌어요. 이곳이 새로운 정릉★이지요. 비록 수백 년 후이지만 비로소 신덕 왕후 강씨는 편안히 잠들 수 있었답니다.

율곡 이이(李珥 1536~1584)
조선 중기의 학자 · 정치가로 호조 · 이조 · 형조 · 병조 판서 등을 지냈다. 선조에게 '시무육조'를 바치고, '십만양병설' 등 개혁안을 주장했으며 동인 · 서인 간의 갈등 해소에 노력했다. 《성학집요》, 《격몽요결》, 《기자실기》 등의 저서를 남겼다.

송시열(宋時烈 1607~1689)
조선 숙종 때의 문신. 자는 영보(英甫), 호는 우암(尤庵)이다. 17세기 중기 이후 붕당 정치가 절정에 이르렀을 때 서인 노론의 영수로 활동했다. 정통 성리학을 재정비하여 그의 학문과 사상은 조선 후기의 가장 강력한 지배 이념으로서 작용했다. 《주자대전차의》 · 《주자어류소분》 등의 저서를 남겼다.

정릉의 모습

제 4 장
팽형을 집행하던 혜정교

　조선 시대 팽형이라는 형벌이 있었어요. 팽형은 물이 팔팔 끓는 가마솥에 죄를 지은 사람을 던져 넣어 삶는 형벌이지요. 10세기경 거란과 몽골에서도 이러한 형벌이 있었어요. 또 일본에도 있었지요. 임진왜란을 일으켜 우리나라에 쳐들어왔던 도요토미 히데요시의 목숨을 노린 이시카와 고에몬을 사형시킬 때 팽형을 내렸어요. 이야기만 들어도 끔찍한 팽형을 치르던 곳이 바로 혜정교예요. 혜정교가 있던 곳은 종로 네거리 한복판이었어요. 그곳은 사람들이 엄청나게 많이 드나드는 곳이었지요.
　"오늘 혜정교에서 팽형을 치른대."
　"뇌물을 먹은 관리래."
　이런 소문이 꼬리에 꼬리를 물고 퍼져 나갔어요. 팽형을 당하는 사람은

주로 나라의 돈을 몰래 썼거나 뇌물을 받은 사람, 남의 물건을 가로챈 사람들이었지요.

혜정교의 오른쪽에는 우포도청이 있었고 왼쪽에는 좌포도청이 있었어요. 그리고 조금 떨어진 지금의 종각 쪽에 전옥서라는 감옥이 있었어요. 포도청에서는 도둑이나 그 밖의 범죄자를 잡아들이느라 늘 바빴지요.

사람들이 여기저기서 청계천으로 몰려들었어요. 혜정교 한복판에는 어느새 높다란 부뚜막이 만들어져 있었어요. 그리고 부뚜막 위에는 큰 가마솥이 걸려 있었어요. 사람이 들어가고도 남을 만큼 어마어마하게 큰 가마솥이었어요. 가마솥 밑에는 불을 지필 장작이 가득했지요. 여기저기서 꾸역꾸역 몰려든 사람들은 이 모습이 놀랍고 끔찍해서 눈을 크게 뜨고 가마솥을 이리저리 살폈어요.

마침내 포도대장이 뚜벅뚜벅 걸어왔어요. 포도대장은 부뚜막에서 조금 떨어진 곳에 준비된 높은 의자에 앉았지요. 포도대장이 앉은 곳은 사방으로 군막이 쳐 있었어요. 포도대장이 나타나자 백성들은 모두 손을 모으고 잠시 동안 고개를 숙였어요. 포도대장은 자리에 앉더니 잠시 백성들을 둘러보았어요. 그리고 큰 소리로 외쳤지요.

"죄인을 불러오라!"

사람들은 긴장했어요. 포도청 군사인 포졸들이 죄인을 끌고 왔어요. 죄인은 머리가 아무렇게나 헝클어지고 얼굴은 씻지 못해 엉망진창인데다 상처 투성이였어요. 손은 뒤로 한 채 가슴과 배까지 붉은색 굵은 오랏줄로 단단하게 묶여 있었어요. 죄인은 비틀거리며 수많은 사람 앞에 끌려 나와 포도대장 앞에 쓰러지듯 무릎을 꿇었어요.

"네 이름을 대거라."

"박춘곤입니다."

"나이는 몇이더냐."

"서른여섯이옵니다."

"너는 썩은 관리니라. 나라에서 뇌물 받는 것을 법으로 막고 있거늘 뇌물을 받아 백성을 혼란에 빠뜨렸으니 팽형에 처한다."

포도대장은 이렇게 그의 죄를 큰 소리로 말했어요. 그리고 포졸들에게 명령했어요.

"팽형을 집행하라!"

그 순간 포졸들은 오라에 묶인 죄인을 들쳐 멨어요. 한 포졸이 무거운 가마솥의 뚜껑을 열자 다른 포졸들이 죄인을 가마솥 안으로 밀어 넣었어요. 그리곤 뚜껑을 닫았어요. 사람들은 잠잠히 구경하고 있었지요.

"불을 지펴라!"

포도대장이 다시 명령했어요. 그러자 포졸들은 후후 불며 장작에 불을 붙이는 시늉을 했어요.

"자! 이제 죄인 박춘곤의 팽형을 마친다."

포도대장은 이렇게 큰 소리로 말한 후 일어나 혜정교 왼쪽의 좌포도청으로 들어갔어요.

팽형은 이렇게 끝이 났어요. 물론 죄인 박춘곤을 진짜로 가마솥에 삶은 것은 아니었어요.

이 광경을 한 외국인 선교사가 보고 있었어요. 선교사는 죄인을 가마솥에 넣을 때 너무 끔찍해서 차마 그곳에 서 있기조차 힘들었어요. 그런데 조선 사람들은 비교적 태연하게 서 있는 것이었어요.

'정말 독한 민족이군. 이런 짐승 같은 처형이 어디 있단 말이야?'

선교사는 속으로 중얼거렸어요. 그런데 거짓으로 장작을 지피는 것을 보고는 웃음이 났지요.

'참 재미있는 놀이를 하는군. 참 순한 민족이야.'

하지만 아직 슬픈 일들이 남아 있었지요. 갑자기 어디서가 곡하는 소리가 들려오기 시작했어요. 곡은 사람이 죽었을 때 울부짖는 소리이지요.

"아이고, 아이고."

사람들 틈에 몸을 숨기고 팽형을 지켜보던 박춘곤의 가족이 칠성판(관 속 시체 밑에 까는 널빤지)을 들고 곡을 하며 앞으로 나왔어요. 박춘곤의 맏형이 가마솥 뚜껑을 열고 박춘곤을 꺼냈어요. 맏형은 그러는 사이에도 계속 '아이고, 아이고.' 하며 곡을 했어요. 박춘곤의 가족들은 죽은 시늉을 하고 있는 박춘곤을 칠성판 위에 눕혔어요.

박춘곤은 살아 있어도 이제는 죽은 사람과 다름없었어요. 박춘곤의 가족들은 곡을 하며 칠성판을 들고 혜정교를 벗어났어요. 그리고 집으로 돌아왔지요. 박춘곤의 집에는 이미 관까지 마련되어 있었어요. 수의를 입은 박춘곤이 그 관 속에 누워 있고, 장례식에 찾아온 사람들은 그 앞에서 절을 했지요.

관을 지키는 가족들은 계속해서 곡을 하느라 목이 쉬어 버렸어요. 영락없는 장례식이었지요. 그리고 족보에도 팽형을 당한 날을 죽은 날로 기록했어요.

이 모든 것이 끝나면 박춘곤은 훌훌 수의를 벗어 던지고 평상복으로 갈아입지만 그는 이미 죽은 사람이에요. 만일 박춘곤이 자식을 낳더라도 그는 아버지 없이 태어난 사생아가 되는 것이지요. 죽은 사람으로 평생을 살아간다는 것은 정말 끔찍한 일이지요.

혜정교는 이처럼 죄인을 다스리는 다리이기도 했어요. 혜정교는 오늘날 광화문 네거리 쪽에 있었기 때문에 청계천 공사 때 복원되지 못했답니다.

제 5 장
앙부일구가 놓인 혜정교

　조선 시대 최고의 과학자 장영실은 천민 신분으로 태어났어요. 장영실의 어머니는 관청에서 일하는 기생이었어요. 기생은 조선 시대 천민이었지요. 그래서 그 어머니에게서 태어난 장영실은 태어나면서부터 천민이 될 수밖에 없었어요. 장영실은 열 살 때부터 관청의 노비가 되었지요. 하지만 똑똑하고 재주가 뛰어나 이치를 쉽게 깨달았고 특히 손재주가 남달라 무슨 물건이든 잘 만들었어요.

　장영실은 관청에서 시키는 일만 하는 처지여서 과거를 볼 길조차도 없었지만 틈틈이 책을 읽었어요. 자신의 처지가 어떻든 그것을 원망하지 않고 생각하고, 공부하고, 만들어 내는 것을 즐거워했지요.

　'나라에 큰 보탬이 될 수 있는 아이인데 천민으로 태어나다니…….'

장영실을 노비로 데리고 있던 동래현 현령은 이런 장영실을 무척 안타까워했어요.

그런데 마침 태종이 '양반이든 천민이든 재주가 있는 사람을 알리도록 하라.'라는 분부를 내렸어요.

동래현 현령은 장영실을 한양으로 보내기로 마음먹었지요. 이 소문은 고을에 퍼져 모두 장영실을 부러워했어요. 장영실은 동래에서 한양까지 천 리 길을 단숨에 달려갔어요. 동래현 현령이 써 준 편지를 이조라는 관청에 올리고 일자리를 얻게 되었지요.

장영실은 한양에서도 차차 이름을 알리게 되었고, 마침내 1410년 2월 대궐에서 일하게 되었어요. 태종은 기생의 아들인데도 행동이 바르고 재주가 뛰어난 장영실을 귀여워했어요.

세종은 동궁(세자)으로 있을 때부터 장영실을 보았고 그 솜씨에 관심을 갖게 되었어요. 태종의 뒤를 이은 세종은 장영실을 가까이 두고 공부를 열심히 하도록 격려했어요.

어느 날 세종은 이런 생각을 했어요.

'왕이란 하늘을 대신하여 백성을 다스리는 사람이 아닌가? 그러니 하늘의 이치를 잘 알고 천문 기상에 밝아야 하는 것이 당연해.'

뿐만 아니라 해와 달과 별이 움직이는 이치를 잘 알아야 자연의 변화를 알기 때문에 농사도 잘 지을 수 있다고 생각했지요. 그래서 천문과 지리에 밝은 신하 네 명을 한양에서 가까운 지방의 군수나 현감으로 임명했어요.

세종은 천문과 지리 연구를 하면서 정확한 시각을 알 수 있는 시계도 만들어야겠다고 결심했어요.

원나라는 이미 유럽까지 지배했고 과학도 발달하여 훌륭한 발명품을 많이 만들어 냈지요. 특히 원나라 초기의 천문학자 곽수경이 만든 간의*는 하늘의 별과 달을 관측하는 기구인데 아무도 흉내를 내지 못할 정도였어요. 하지만 원나라는 1368년 명나라에 망했어요.

세종은 명나라에 학자를 보내 기술을 배우게 해야겠다고 생각했어요. 그래서 장영실을 명나라로 유학 보냈어요. 그곳에서 장영실은 간의와 자격루*를 보았는데 그 비밀을 번개처럼 알아챘어요.

돌아온 장영실은 1434년 별의 위치와 움직임을 기록하는 혼천의*와 시각을 자동으로 알려 주는 물시계인 자격루를 완성했어요. 세종은 자격루를 우리나라의 표준 시계로 삼고 경회루에서 축하 잔치를 베풀었어요. 장영실의 자격루는 원나라 것보다 뛰어나 세종은 몹시 흡족했답니다.

동시에 또 하나의 일이 진행되고 있었어요. 앙부일구라는

간의(簡儀)

천체의 운행과 현상을 관측하는 기계로 오늘날의 각도기와 비슷한 구조를 지녔다.

자격루(自擊漏)

물이 떨어지는 것을 이용하여 스스로 시간을 쳐서 알리도록 만든 시계의 한 가지.

혼천의(渾天儀)

천체의 운행과 위치를 관측하는 기계.

해시계를 만들고 있었던 것이지요. 앙부란 솥 모양의 그릇이 하늘을 본다는 뜻이고 일구는 해시계란 뜻이지요. 오목한 솥 모양의 앙부일구 안에 설치된 영침(그림자를 만드는 침)의 방향은 지구의 자전축과 평행한 정북극 방향에 맞추어야 하지요. 세종 때 천문학자들은 서울을 기준으로 하는 정북극의 위치를 정확히 알아낼 수 있었어요.

장영실이 만든 관측 기기는 한성의 위치가 북위 38도라는 것도 알아냈어요. 또 북극성까지의 거리도 밝혀낼 수 있었어요. 그래서 앙부일구 내부의 눈금선이 정확히 그려질 수 있었어요. 그리고 글을 모르는 백성들이 시각을 읽을 수 있도록 자시(밤 11시~오전 1시)에는 쥐를, 축시(오전 1시~오전 3시)에는 소를, 인시(오전 3시~오전 5시)에는 호랑이를, 정오를 나타내는 오시에는 말을 그려 넣었어요.

직경 35센티미터 정도 크기의 청동으로 만들어진 앙부일구 역시 원나라의 것을 발전시킨 것이었어요. 세종은 앙부일구를 2개 만들도록 했어요. 이것 역시 혼천의와 자격루가 완성된 1434년 10월에 만들어졌어요. 백성을 위해 과학 발전에 힘쓴 세종의 기쁨은 이루 말할 수 없었지요.

세종은 앙부일구 2개를 어디에 놓을지 고민했어요. 가능하면 많은 백성이 지나다니는 곳에 놓아야겠다고 생각했지요. 그래서 한 개를 종묘 남쪽 거리에 돌로 단을 쌓고 그 위에 두었어요. 그리고 또 한 개는 청계천 혜정교에 두었어요.

사람들은 앙부일구를 보려고 혜정교에 나왔지요. 혜정교에 나온 백성들은 앙부일구*를 보며 외쳤어요.

"정말 신기하구먼!"

사람들은 그림자가 시각을 알리는 게 신기하기만 했어요. 이것은 우리나라 최초의 공중 시계(모두 함께 보는 시계)였지요. 글자를 모르는 사람도 동물 그림으로 시각을 알 수 있었어요. 백성들이 좋아하니 세종도 무척 행복했어요. 큰일을 해낸 장영실도 마찬가지였답니다.

앙부일구
1434년(세종 16년)에 처음 만들어진 해시계이다. 솥 모양 그릇 안쪽에 24절기를 나타내는 눈금을 새기고 북극을 가리키는 바늘이 있어 이 바늘의 그림자가 가리키는 눈금에 따라 시각을 알 수 있게 했다. 우리나라 최초의 공중 시계 역할을 하다가 임진왜란 때 없어지고, 2~3세기 후에 만들어진 앙부일구 2개가 남아 있다.

제6장
세계 최초의 발명, 수표교

 세종은 해마다 가뭄과 홍수를 걱정하는 백성들이 안타까웠어요. 가뭄과 홍수는 종종 백성들의 목숨까지 빼앗기도 했지요. 세종은 깊은 생각에 빠졌어요.

 '비의 양을 잴 수 있거나 강의 높이를 잴 수 있다면 미리 어려움을 막을 수 있을 텐데…….'

이런 생각을 한 세종은 장영실을 불렀어요.

"계절에 따라, 장소에 따라 내리는 비를 정확하게 잴 수 있는 방법을 알아보시오."

 장영실은 갑자기 동래에서 노비로 있을 때가 생각났어요. 그때도 각 고을에 비가 얼마만큼 내렸는지 보고하는 일이 있었어요.

그날도 비가 많이 내렸지요. 비가 그치자 사또가 장영실을 불렀어요.

"자, 담 밑에 흙을 파서 땅속 어디까지 물이 스며들었는지 재어 오너라."

사또는 이렇게 말하며 놋쇠로 만든 자를 주었어요. 하지만 장영실은 벌써 장독대 위에 그릇을 올려놓았기 때문에 물의 깊이를 금방 잴 수 있었어요.

장영실은 물의 깊이를 재어 달려왔어요.

"빗물의 깊이는 한 자 두 치이옵니다."

사또는 깜짝 놀랐어요.

"아니, 어떻게 그렇게 금방 아느냐? 벌써 땅을 파 보았단 말이냐?"

장영실은 또박또박 말했어요.

"나리, 모래는 빗물이 빨리 스며들고 찰흙은 늦게 스며들어 정확하지 않습니다. 뿐만 아니라 낮은 땅에는 빗물이 모여 깊이 스며들고 높은 땅은 물이 빠르게 흘러가 버려 그것도 정확하지 않습니다. 그래서 소인이 장독대 위에 그릇을 올려놓았습니다."

사또는 장영실의 지혜에 놀라며 흐뭇해했어요. 하지만 이제 장영실은 빗물의 깊이를 가장 정확하게 잴 수 있는 그릇을 만드는 것이 문제였어요.

세종의 명령에 세자(뒤에 문종)도 함께 이 일을 연구했어요. 1441년 8월 18일 장영실은 마침내 빗물을 재는 그릇을 만들었어요. 높이 41.2센티미터, 지름이 16.5센티미터인 둥근 기둥 그릇이었어요. 그릇 안쪽에는 눈금이 새겨져 있었지요. 이것은 세계에서 가장 먼저 발명된 것이었어요.

그 이듬해인 1442년 5월 8일 장영실은 빗물 재는 그릇의 표준을 정했어요. 높이 30.9센티미터, 지름 14.4센티미터였어요. 세계 최초로 만들어진 빗물 재는 그릇에는 측우기★라는 이름이 지어졌어요.

측우기(測雨器) 비의 양을 측정하는데 쓴 기구로 세종24년(1442) 세계 최초로 전국에 설치되었다.

세종의 기쁨은 말로 다할 수 없었어요. 세종은 구리로 만든 측우기를 조선 각 고을마다 설치하게 하고 비의 양뿐 아

세계 최초의 발명 수표교 **53**

니라 비가 내리기 시작한 날짜와 시각, 멎은 날짜와 시각을 기록하고 한양 정부에 보고하라고 명령했어요. 이렇게 하니 농사를 잘 지을 수 있었지요.

또 장영실은 흐르고 있는 물의 양을 재는 방법을 생각했어요. 장영실이 생각해 낸 것은 냇물에 눈금이 새겨진 쇠기둥이나 돌기둥을 세워 물의 깊이를 보는 것이었어요. 이 기둥을 양수표라고 했어요. 물의 양을 재는 표라는 뜻이지요. 양수표를 수표라고 부르기도 했어요. 양수표 역시 세계 최초의 발명품이었어요.

"이제 수표가 홍수 때 물이 넘칠 것을 알려 주겠구나. 수표를 어디에 세우면 좋겠느냐?"

세종은 장영실을 바라보며 물었어요.

"마전교 곁이 좋겠사옵니다."

장영실이 말했어요.

"그래? 그렇게 하자."

세종은 어서 수표를 청계천에 세우고 싶었어요. 마전교 근처에는 소나 말을 파는 가게들이 많았어요. 그런 가게를 마전이라고 했어요. 마전교는 그래서 붙여진 이름이지요.

하지만 마전교는 다른 다리와 다른 점이 있었어요. 처음에 마전교는 나무다리였어요. 그런데 1421년 여름, 세종이 왕위에 오른 지 3년이 되었을 때 큰비가 연이어 퍼부었어요. 10년 전 태종이 청계천을 파내어 물길을 만들어 놓았기 때문에 그동안 청계천에는 아무 일이 없었어요. 하지만 그치지 않는 비로 청계천이 갑자기 넘치기 시작했어요. 75채나 되는 집이 떠내려갔고 수많은 사람이 죽었어요. 거리에는 울음소리가 가득했지요.

청계천에서는 다시 공사가 시작되었어요. 세종은 청계천으로 흘러오는 작은 물줄기까지 깊게 파서 물이 잘 흐르도록 만들라고 했어요. 하지만 이것은 하루아침에 될 일이 아니었어요. 세종은 10년 동안의 계획을 세우고 농사일이 한가한 철을 이용해서 청계천 가장자리를 돌로 쌓고 다리도 고쳤어요.

> **화강암**
> 용암이 분출하지 않고 땅속에서 천천히 식어서 만들어진 암석으로 단단하고 결이 고와 건축물에 많이 쓰인다.

1422년에 나무다리였던 마전교도 화강암* 다리로 바꾸었어요. 그리고 다리 기둥을 과학적으로 특별하게 만들었어요. 다리 기둥은 대부분 일자였지만 마전교는 2층으로 만들었어요. 아래 돌기둥 위에 얹은 기둥은 마름모 모양이었어요. 모서리가 물의 흐름과 마주하고 있어서 흐르는 물의 힘을 덜 받도록 한 것이지요. 그래서 아무리 비가 와도 마전교 다리는 버틸 수 있었어요. 그리고 난간의 돌들도 아름답게 조각했지요.

1441년(세종 23년) 세종의 명령으로 마전교 곁에 수표와 측우기가 세워졌어요. 3척이라고 표시된 눈금까지 물이 차면 물이 적은 것이고, 6척 눈금에 오면 보통이고, 9척 눈금까지 물이 차면 위험하다는 것을 나타냈어요.

"이제 이 다리에 수표가 세워졌으니 수표교* 라 부르도록 하라."

백성들은 수표교를 자랑스러워했어요.

　1959년 청계천 복개 공사를 할 때 수표교만은 장충단 공원으로 옮겼어요. 그리고 수표도 홍릉에 있는 세종대왕기념관으로 옮겼지요. 청계천 다리 중 고스란히 보존된 것은 수표교뿐이에요. 오늘날도 강의 다리에는 수표가 설치되어 있지요.

수표교와 수표
수표교는 서울유형문화재 제18호이다. 1420년(세종 2년) 만들어졌는데 당시 이곳에 마전이 있어서 마전교라고 불리다가 1441년(세종 23년) 다리 옆에 개천의 수위를 측정하는 수표석을 세운 이후 수표교라고 불렀다.

제 7 장
배오개다리 아래 찾아오는 전기수

우리나라는 활자 기술이 세계에서 가장 앞선 나라이지요. 이미 고려 고종 때 금속 활자가 만들어져 〈상정고금예문〉★ 이란 책이 나왔어요. 이것은 세계에서 가장 빠른 것으로 독일의 구텐베르크가 활자를 만든 것보다 200년이나 앞선 것이에요.

상정고금예문(詳定古今禮文)

세종은 학문을 사랑한 왕이어서 모든 백성이 책을 많이 읽을 수 있도록 애썼어요.

"한꺼번에 더 많은 책을 손쉽게 찍어 낼 수 있는 활자를 만들어 보시오."

세종은 이천과 장영실에게 명령했어요.

태종 때 구리로 만든 '계미자'라는 활자가 있었지만 부족한 점이 많아 그

다지 널리 쓰이지 못했어요. 이천과 장영실은 구리 대신 납을 이용하여 활자를 만들었어요. 그랬더니 활자의 크기도 고르고 찍기도 쉬웠어요.

　1420년 '경자자'가, 1434년 '갑인자'가, 1436년 '병진자'가 잇달아 만들어졌지요. 이제 하루에 수십 권씩 책을 인쇄할 수 있게 되었어요. 그리고 1443년 12월 마침내 우리글이 만들어졌지요.

　그동안 우리나라에는 글자가 없어 한문을 빌려 와 썼어요. 하지만 한문은 너무 어려워 백성들이 제대로 읽고 쓸 수가 없었어요. 세종이 만든 한글은 쉬워서 누구나 편리하게 배우고 사용할 수 있었지요.

　세종은 정인지, 권제, 안지 등 집현전 학사들에게 한글을 사용하여 노래를 짓게 했어요. '용비어천가'*는 최초의 한글 노래로 조선 건국의 위대한 업적을 기리고 조선 왕실의 영원한 발전을 비는 내용이지요.

　이처럼 인쇄술의 발달과 한글의 보급으로 일반 서민들도 공부를 하여 지식을 얻을 수 있게 되었어요. 그런데 서민들을 지식에 눈뜨게 한 곳이 바로 청계천 주변이었어요. 이곳에는 책과 그림을 파는 가게들이 죽 늘어서 있었어요. 주로 모전교, 광통교, 효경교 등과 육조 거리에 몰려 있었어요. 그곳에선 직접 책을 찍어 내기도 했고 팔기도 했어요. 때로는 책 광고도 했어요.

용비어천가(龍飛御天歌)
1445년(세종 27년) 4월에 편찬되어 1447년(세종 29년) 5월에 간행된 125장의 서사시로 조선왕조의 창업을 노래했다. 왕명에 따라 당시 새로 제정된 훈민정음을 처음으로 사용하여, 조선 건국의 유래가 유구함과 조상들의 성덕을 찬송하고, 태조(太祖)의 창업이 천명에 따른 것임을 밝혔다. 한글로 엮은 책으로는 한국 최초의 것이다.

1576년 7월 수표교 아래 북변 하한수 집에서 책을 찍었으니 살 사람은 오시오.

사람들은 광고문을 보고 책을 사러 가기도 했지요. 그 당시의 책들은 〈천자문〉, 〈동몽선습〉, 〈명심보감〉, 〈통감절요〉, 〈옥편〉, 〈운서〉 같은 학습서와 〈숙향전〉, 〈심청전〉, 〈금방울전〉 등 한글 소설이었어요.

조선 시대 사람들은 소설을 아주 좋아했어요. 텔레비전이나 라디오, 컴퓨터가 없던 그 시대에는 소설 읽기보다 즐거운 것은 없었어요. 소설이 이처럼 인기가 좋자 언제부턴가 소설을 읽어 주는 사람이 나타났어요. 그런 사람을 '전기수'라 불렀어요. '재미있는 이야기를 들려주는 노인'이란 뜻이지요. 전기수가 이야기를 들려주는 곳은 청계천의 광통교와 배오개다리 아래 그리고 사람들이 많이 모이는 거리로 여섯 군데 정도였지요.

동대문 밖에 주로 살던 전기수는 6일에 한 번씩 찾아와 재미있는 이야기를 들려주었어요. 사람들은 그때를 기다렸다가 몰려들었지요.

"오늘 배오개다리 아래 갈 거요?"

넓적한 돌에 옷을 올려놓고 방망이로 철썩철썩 두드리면서 어머니들은 이야기꽃을 피웠어요.

"지난번 춘향전은 정말 실감났어! 난 엉엉 울었다

배오개다리 현재 모습
종로4가 네거리에 배오개라는 고개가 있었기 때문에 배오개길이라고 한 데서 다리 이름도 배오개다리라고 지어졌다.

니까!"

"그 노인은 목소리를 잘도 바꾸지? 오늘은 무슨 이야기를 들려주려나?"

"어서 일 끝내고 가 봅시다."

"그래요, 어서 합시다."

어머니들은 부지런히 방망이를 두들겼어요.

어머니들이 배오개다리 아래로 달려갔을 때는 벌써 사람들이 가득 몰려와 있었어요. 사람들은 전기수를 에워싸고 이야기를 기다리고 있었어요.

전기수는 드디어 큰 소리로 '오늘은 장화홍련전이오~.' 하고 끝을 길게

끌며 들려줄 이야기의 제목을 말했어요. 사람들은 침을 삼키며 눈을 더욱 크게 떴어요. 전기수는 천천히 그리고 부드럽게 이야기하기 시작했어요.

"평안도 철산군에 배무용이라는 사람이 있었습니다. 그의 아내는 장 씨였지요. 어느 날 장 씨가 꿈에서 꽃 두 송이를 받았어요."

그때 어머니들은 속으로 이렇게 생각했어요.

'딸 꿈이구만! 딸을 둘 낳겠는걸!'

그 생각대로 전기수가 말했지요.

"그리고 장 씨 부인은 딸 둘을 낳았어요. 아주 예쁜 딸들이었지요. 배무용은 딸들에게 장화와 홍련이라는 예쁜 이름을 지어 주었어요. 그런데 장 씨는 딸들을 낳느라 너무 힘들어 시름시름 앓다 죽고 만 것입니다! 배무용은 어린 두 딸을 안고 하염없이 울었습니다."

이 대목에서 전기수의 목소리는 마구 떨렸지요. 그리고 배무용이 되어 구슬피 우는 흉내를 냈어요. 그러자 여기저기서 '애고, 쯧쯧.' 하는 소리도 들리고 비슷한 경험이 있는 사람은 정말로 눈물을 주르륵 흘렸어요. 전기수는 계속해서 이야기를 했어요.

"하는 수 없이 배무용은 어린 딸들을 키워 줄 부인을 얻어야 했습니다. 그게 바로 허 씨지요. 그러나 허 씨는 아주 고약한 여자였습니다. 장화와 홍련을 언제나 못마땅하게 생각했어요. 게다가 배무용이 허 씨가 낳은 장쇠보다 장화와 홍련을 더 귀여워하자 끔찍한 일을 저지르고 말았습니다!"

사람들은 가슴이 조마조마했어요. 그리고 허 씨가 괘씸해서 얼굴이 일그러졌어요.

"허 씨는 쥐를 잡아 죽인 후 장화의 이불 밑에 살짝 넣었어요. 장화가 어린아이를 낙태한 것처럼 꾸민 것입니다. 배무용은 허 씨에게 속아 장화에게 소리를 지르며 당장 나가라고 화를 냈습니다. 장화는 집에서 쫓

겨나 하염없이 거닐어 연못에 도착했어요. 그 뒤를 장쇠가 몰래 따라붙었어요. 장화는 연못 물을 바라보며 눈물을 흘렸습니다. 그때 뒤에서 장쇠가 확 밀었어요."

사람들은 너무 억울하고 끔찍해서 가슴을 쳤어요. 전기수는 계속 이야기했어요.

"장화는 귀신이 되어 밤에 홍련에게 나타나 '홍련아~ 홍련아~.' 하고

불렀어요."

전기수는 울음 섞인 목소리로 장화를 흉내 냈어요. 그러자 사람들이 훌쩍거리기 시작했어요. 사람들은 그 다음 이야기가 궁금했어요. 그런데 전기수가 이야기를 중간에서 뚝 그치는 것이었어요.

"그 다음! 그 다음!"

사람들이 소리를 질렀어요. 그래도 전기수는 입을 딱 다물고 눈을 감아 버리는 것이었어요. 그러자 사람들은 앞을 다투어 전기수 앞에 돈을 던졌어요. 돈이 수북해지자 전기수는 신이 나서 다음 이야기를 들려주기 시작했어요.

"결국 홍련이도 언니의 죽음을 알고 연못에 몸을 던졌습니다. 그런데 그날 밤부터 철산 사또 방에 처녀 귀신 두 명이 나타나는 것입니다.

'나으리……, 나으리…….'

이 소리에 사또가 잠에서 깨어났다가 처녀 귀신을 보고 너무 놀라 쓰러져 버렸어요. 사또는 그만 심장마비로 죽고 말았어요. 그 다음 사또도 마찬가지였어요. 그러자 모두들 철산 사또로 오려고 하지 않았습니다."

사람들은 안타깝기도 하고 무섭기도 하여 숨을 죽이고 전기수를 바라보았어요. 전기수가 갑자기 목소리를 죽이고 눈을 크게 뜨며 실감나게 말했어요.

"그런데 정동우란 자가 처녀 귀신을 잡겠다며 자원해서 사또로 왔습니다."

사람들은 가슴이 마구 두근거렸어요.

"정동우가 밤에 잠을 청하는데 드디어 처녀 귀신이 나디'났어요.

'나으리……, 나으리…….'

이때 정동우가 벌떡 일어나 귀신들을 쏘아보았지요.

'너희들은 누구냐?'

'장화와 홍련입니다.'

'너희들은 어이하여 이다지도 악한 일을 하느냐?'

'저희들의 억울함을 풀어 주소서. 사또들께서는 저희 이야기를 듣지도 못하시고 돌아가시니 답답하옵니다.'"

전기수는 사또가 말할 때는 당당하고 굵직한 목소리로 처녀 귀신이 말할 때는 구슬픈 목소리로 이야기를 했어요.

"'계모 허 씨가 저희들을 모함하여 죽게 만들었사옵니다.'

'너희들은 어디 있느냐?'

'연못 아래 있사옵니다.'

'내가 이 일을 밝혀낼 테니 이제 돌아가거라.'

그러자 장화와 홍련은 사또 앞에 절을 하고 사라졌습니다."

사람들은 이제 편안한 표정이 되었어요.

"다음 날 정동우는 연못 아래서 장화와 홍련의 시체를 찾아냈습니다. 그리고 허 씨와 그 아들을 붙잡아 처형시키고 장화와 홍련을 장사 지내 주었어요. 배무용은 윤 씨를 다시 세 번째 아내로 맞았어요. 윤 씨가 꿈에 선녀들에게 꽃 두 송이를 받고 또 딸 둘을 낳았어요. 배무용은 이들에게 장화, 홍련이라고 이름을 지어 주었지요. 장화, 홍련은 후에 이연호의 쌍둥이 아들 윤필, 윤석과 혼인하고 행복하게 살았다는 이야기입니다."
이렇게 해서 이야기가 끝났어요.

그래도 사람들은 한참 동안 배오개다리 아래 더 앉아 있었어요. 장화홍련전 이야기를 나누는 사람도 있었어요. 이처럼 소설은 모든 사람에게 사랑을 받으며 더욱 발전했어요.

마침내 청계천 주변에는 우리나라 최초의 근대식 인쇄소인 박문국이 세워졌어요. 그곳에서 재미있는 책들이 수없이 인쇄되었지요.

1897년 고유상이라는 사람은 15만 원을 들여 광통교 옆에 회동서관을 설립했어요. 회동서관은 출판과 판매를 같이 하는 큰 서점이었어요. 그곳에 가면 신소설, 사전, 실용서 등 갖가지 책이 있었고 학용품도 살 수 있었지요.

또 청계천이 시작되는 물줄기와 남산동에서 내려오는 물길이 만나는 곡교 옆에 조선광문회가 세워졌어요. 이곳도 큰 서점이었지요.

청계천은 이처럼 조선 시대 수많은 사람들에게 지식을 깨우쳐 주는 장소였지요.

제8장
하정 유관 선생을 기리는 비우당교

고려 말 위화도 회군으로 힘을 얻은 이성계는 공양왕에게 왕위를 넘겨받았어요. 하지만 정몽주* 등 반대파가 많았어요. 반대파는 대부분 고려에서 벼슬을 했던 사람들로 이성계를 따르는 것을 부끄럽게 여겼지요. 이성계는 백성의 마음을 안정시키고 자기를 따르게 하려는 정책을 폈어요. 하지만 충성스러운 재상(왕을 돕고 모든 관원을 지휘·감독하던 벼슬)이었던 정몽주는 끝까지 굴복하지 않았지요.

정몽주는 결국 선죽교에서 이성계의 아들 이방원에게 쇠몽둥이에 맞아 죽었어요. 수많은 고려의 충신들도 이성계가 주는 벼슬을 마다하고 깊은 산골로 들어가 제자들을 가르치며 일생을

정몽주(鄭夢周, 1337~1392)

고려 말기 문신 겸 학자. 의창을 세워 빈민을 구제하고 유학을 보급하였으며, 성리학에 밝았다. 개성에 5부 학당과 지방에 향교를 세워 교육진흥을 꾀했고, 시문에도 뛰어나 〈단심가〉 외에 많은 한시를 썼다.

보내려 했어요. 이성계가 그들을 계속 부르려 하자 아예 충신 72명은 개성 송악산 두문동 골짜기로 들어가 숨어 버렸어요.

이성계는 포기하지 않고 다시 한 번 그들을 불렀어요. 그런데도 끝내 나오지 않자 이성계는 두문동 골짜기에 불을 지르라고 명령했어요. 결국 그들은 나오지 않고 불에 타 죽었지요. 사람들은 그들을 '두문동 72현'이라고 불렀어요. 그 뒤로 '두문불출'이라는 말이 생겨났지요. 한곳에 틀어박혀 세상 밖으로 나오지 않는 사람들을 그렇게 부르게 되었지요.

그런데 유관 선생은 그들과 생각이 많이 달랐어요. 유관 선생은 1346년 고려 말 충목왕 때 태어나 공민왕 때 과거에 급제했어요. 그 후로 고려가 망할 때까지 20년 동안 꾸준히 벼슬에 올라 있었지요. 유관 선생은 너그러운 성품과 성실함으로 백성들로부터 존경을 받았어요. 유관 선생은 비록 고려가 망해 임금은 바뀌었지만 백성은 바뀌지 않았는데 나라를 위해 일하지 않는 것은 옳지 않다고 여겼어요.

'백성은 우리를 믿고 따르던 그 사람들 그대로 아닌가?'

그렇게 생각한 유관 선생은 기꺼이 새 왕조에 협조하여 백성을 안정시켜야 한다고 생각했어요. 그래서 1392년에는 조선의 병조이랑에 올라 열심히 일했어요. 유관 선생은 81세까지 여러 관직을 거치며 태조, 정종, 태종, 세종, 이렇게 네 임금을 섬겼어요. 성균관 대사성, 강원도·전라도 관찰사, 형조판서 대사헌, 우의정 등을 지냈지요.

어느 여름날, 이제 막 벼슬에 오른 젊은 선비가 유관 선생을 찾아왔어요. 유관 선생의 집은 청계천과 가까운 신설동이었어요. 안방과 사랑채가 나란히 붙어 있는 초가였지요. 유관 선생은 몹시 반가워하며 젊은 선비를 맞아들였어요. 유관 선생은 허름한 옷차림에 손에는 흙이 잔뜩 묻어 있었어요. 채소밭의 풀을 뽑고 있었기 때문이지요.

"그동안 안녕하셨습니까?"

선비는 정중히 인사를 했어요.

"어서 오게나. 채소밭을 가꾸고 있었는데 선선한 바람을 쐬며 함께 잡초를 뽑지 않겠나?"

유관 선생이 말했어요.

그런데 그 선비는 양반집 아들로 오직 글공부만 하던 사람이었어요. 선비는 손에 흙을 묻히는 일은 노비나 하는 것이라고 생각하는 사람이었지요. 선비는 머뭇거리며 말했어요.

"전…… 한 번도 농사일을 해 보지 않아서……."

그러자 유관 선생은 꾸짖듯 말했어요.

"농사일이 부끄러운가? 그럼 자넨 먹지도 말게. 무릇 백성이 하는 일을 모르는 자가 어떻게 정치를 하나?"

그러나 유관 선생은 곧 다정한 목소리로 말했어요.

"채소밭을 가꾸면 즐겁다네. 함께 일하면 정도 들지. 자, 더운 방보다 채소밭이 훨씬 시원하니 이야기도 하고 풀도 뽑으세."

젊은 선비는 유관 선생을 따라 할 수 없이 밭일을 시작했고, 곧 농사의 즐거움을 배웠지요.

유관 선생의 자그마한 초가엔 울타리도 대문도 없었어요. 그래서 많은 사람들이 편안하게 유관 선생을 찾아왔어요. 하루는 마을 사람들이 비만 오면 개천이 넘치니 힘을 합쳐 나무다리라도 놓고 싶다고 했어요. 그러자 유관 선생은 자신의 돈을 선뜻 내놓았어요. 때론 궁색한 집안 형편을 말하는 사람이 오면 돈을 나누어 주었어요. 이렇듯 여러 사람에게 도움을 주느라 유관 선생은 언제나 돈이 부족했지요.

유관 선생은 집에서는 언제나 맨발이었어요. 버선이 닳을까 봐 집에 돌아오면 얼른 버선을 벗어 두었지요. 물론 신발도 짚신을 신었어요. 이런 유관 선생의 검소함은 태종에게까지 알려졌어요. 그러자 태종은 '아무리 검소하다 해도 어찌 대문도 울타리도 없이 지낸단 말이냐? 내가 유관에게 대문과 울타리를 선물할 테니 유관의 집을 꾸며 주어라.' 하고 명령했어요.

세종 때 유관 선생은 벼슬이 더욱 높아져 우의정에 올랐어요. 그래서 관직에 있는 다른 사람들이 '이제 정승이 되셨으니 집을 옮기시든지 아니면 수리라도 좀 하시지요?' 하며 말을 건넸어요. 유관 선생은 '아직 쓸 만한데 어찌 그러오? 조금 허름해도 손때 묻고 정들어 옮기기가 쉽지 않을 것 같소.'라고 말했어요.

그런데 어느 여름, 몹시 심한 장맛비가 쏟아졌어요. 장대비가 쉬지 않고 쏟아져서 결국 유관 선생의 집이 새기 시작했어요. 아내는 얼른 대야를 방에 가져와 물을 받았어요. 하지만 조금 뒤 다른 곳이 또 똑똑 샜어요. 그러자 이번엔 솥을 가져왔어요. 그 다음엔 냄비를 가져와야 했지요. 그래도 다른 곳이 또 샜어요.

"이젠 더 가져올 것도 없어요."

아내가 시무룩해서 말했어요.

"여보, 우산을 가져오시오."

유관 선생은 우산을 받쳐 들고 글을 읽기 시작했어요.

"아무리 청렴결백이 좋다지만 이건 너무한 것 같습니다."

아내는 마음이 어지러웠어요.

"여보, 불평 마시오. 우린 우산이라도 있지 않소? 우산 있는 집이 그리 많지 않다오."

유관 선생은 아내에게 달래듯 말했어요.

유관 선생에겐 아들이 하나 있었어요. 아들은 꼬박꼬박 문안인사를 올리고 불편한 곳이 없는지 챙기곤 했지요. 아들 역시 행실이 바르고 학문에도 열심이어서 1426년(세종 8년)에 충청도 관찰사에 올랐어요. 그런데 아들은 관찰사직을 맡지 않겠다고 했어요. 유관 선생은 깜짝 놀랐어요.

"어찌해서 그런 결론을 내렸느냐?"

"제가 관찰사가 되는 것은 불효이옵니다."

"무슨 뜻이냐? 왜 불효가 된다는 말이냐?"

"아버님 성함의 관(觀)자가 관찰사의 관(觀)자와 같습니다. 아버님 이름을 밟고 벼슬에 오를 수 없습니다."

유관 선생은 어처구니없었어요.

"에이, 미련한 자식! 그게 무슨 불효냐? 그렇다면 내 이름을 바꾸마. 볼 관(觀)자가 아닌 너그러울 관(寬)으로 바꾸마."

그 뒤로 유관 선생은 '관'의 한자를 바꾸었어요.

이렇듯 아들은 유관 선생을 하늘처럼 여겼어요. 마침내 유관 선생은 '청백리'에 올랐어요. 청백리란 깨끗한 관리라는 뜻이지요. 요즘으로 말하자

면 부정부패와 거리가 먼 모범 공무원인 셈이에요. 청백리에 오르려면 엄격한 심사를 통과해야 하고 임금의 허락도 받아야 했어요. 조선 시대에는 청백리에 오르는 것을 가장 큰 영광으로 여겼지요. 황희, 맹사성, 이항복, 이현보, 김장생, 이원익 같은 사람들이 모두 청백리에 오른 대표적인 조선 시대 관리들이었어요.

　1433년 유관 선생이 88세의 나이로 세상을 떴을 때 세종 대왕은 무척 슬퍼했어요. 세종은 신하들과 궁궐에서 연회를 베풀고 있었는데 그 소식을 들은 즉시 연회를 중단하게 했어요. 그리고 몸소 흰 옷으로 갈아입고 창경궁의 정문인 홍화문으로 나가 흰 옷 입은 관리들과 애도 의식을 행했어요. 그리고 다음과 같이 죽은 이에 대해 슬픈 뜻을 나타내는 제문을 지었어요.

> 공께서는 절대 옳지 않은 돈을 받지 않았고,
> 남을 돕느라 남은 물건이 없으며 직위가 높으나
> 부지런하고 검소하며, 덕이 높은데도 교만하거나 인색하지 않아
> 모든 선비들에게 모범이 되셨다.

유관 선생의 집

　하정 유관 선생의 6대 외손이며 실학자였던 이수광은 유관 선생이 살던 곳에 정자를 짓고 '비우당'이라는 현판을 걸었어요. 비 새는 방에 우산을

쓰고 글을 읽던 유관 선생의 청렴함을 후세에 전하기 위해서지요. 그리고 가까이 흐르는 청계천 위에 다리도 놓았어요. 바로 비우당교예요. 비우당 이라는 말에서는 우산 위로 똑똑 떨어지는 빗물 소리가 들려오는 듯해요.

제9장
단종이 정순 왕후와 이별한 영도교

　세종의 뒤를 이은 맏아들 문종은 몸이 몹시 약했어요. 게다가 왕비 권씨도 몸이 약해 외아들 홍위(뒤에 단종)를 낳은 지 3일 만에 죽고 말았어요. 결국 문종은 왕위에 오른 지 2년 3개월 만에 39세의 나이로 죽고 12세의 외아들 단종이 왕위에 올랐지요.

　단종은 왕위에 올랐지만 아무것도 아는 것이 없었어요. 문종은 이것을 걱정하여 죽기 전에 황보인, 김종서 등 충신에게 단종을 도울 것을 부탁했지요.

　단종은 늘 무섭고 불안한 하루하루를 보냈어요. 문종의 동생은 17명이나 되었는데 수양 대군, 안평 대군, 임영 대군 등 왕숙(왕의 삼촌)들이 단종을 위협하기 시작했지요. 왕숙 중에서 수양 대군은 가장 성격이 드세고

야심만만한 사람이었어요. 결국 수양 대군은 1453년(단종 1년) 10월에 계유정난을 일으켜 김종서와 황보인을 죽였어요. 게다가 세력 경쟁자인 동생 안평 대군까지 유배시켰다가 죽였지요. 그리고 수양 대군은 어린 왕을 도와야 한다며 스스로 영의정, 이조판서, 병조판서의 자리에 올랐어요. 이제 조정은 수양 대군 손아귀에 들어가게 되었지요. 단종은 손 하나 움직일 수 없는 허수아비에 불과했어요.

1454년 정월, 단종은 송현수의 딸을 왕비로 맞게 되었어요. 단종은 정순 왕후 송씨를 맞아 큰 위로가 되었어요.

왕숙 중 금성 대군만은 단종 편이었어요. 금성 대군은 형 수양 대군이 궁궐의 질서를 혼란스럽게 하는 것이 못마땅했고 어떻게 해서든지 단종이 다시 실권을 찾을 수 있게 하려고 애썼어요. 그것을 안 수양 대군은 자기와 가까운 신하들과 이 일을 의논했어요. 그리고 금성 대군과 단종을 싸고도는 여러 신하들을 죄인으로 몰아 귀양 보냈어요.

단종은 수양 대군이 자신마저도 죽일지 모른다고 생각했어요. 어린 단종은 왕의 자리에는 욕심이 없었고 하루라도 빨리 물러나고 싶은 마음뿐이었어요. 어린 정순 왕후 송씨도 마찬가지였어요.

1455년 6월 왕위에 오른 지 3년이 되었을 때 수양 대군의 압박을 이기지 못한 단종은 왕의 자리를 내놓게 되었어요. 수양 대군은 단종을 내몬 뒤 곧 왕의 자리에 올랐어요. 그가 바로 세조이지요. 단종은 상왕으로 물러나 창경궁으로 거처를 옮겼어요.

하지만 세상은 조용할 날이 없었어요. 성삼문, 박팽년 등 집현전 학사들과 성승, 유응부 등 무신들이 세조에게 반발했어요. 그들이 1456년 6월(세조 2년) 단종을 다시 왕으로 세우려는 상왕 복위 사건을 일으키자 세조는 그들을 모두 죽였어요. 그리고 명령을 내렸어요.

"상왕을 노산군으로 강봉시키고 영월로 유배시켜라."

세조가 이렇게 명령을 내리자 창경궁은 눈물바다가 되었어요.

"폐하가 떠나시면 저도 이곳을 떠날 것입니다."

왕비로 책봉되어 궁궐에 들어온 후로 정순 왕후는 단 하루도 편한 날이 없었지요.

"궁궐을 떠난다면 어디에 서서를 미련히겠다는 것이오?"

단종은 오히려 정순 왕후를 걱정했어요.

"영월은 첩첩산골이라고 들었습니다. 가시는 길도 험하실 텐데……."

정순 왕후는 말을 잇지 못하고 하염없이 눈물만 쏟았어요.

이른 아침 단종은 신하 몇 명과 창경궁을 나섰어요. 정순 왕후는 시녀 세 사람을 불렀어요.

"너희들은 나를 따라오도록 해라."

단종은 창경궁을 돌아보았어요. 다시는 돌아오지 못할 것을 생각하니 눈물이 앞을 가렸어요.

"영월 가는 길을 앞장서라."

단종은 신하에게 침착하게 말했어요.

그들은 아무 말 없이 흥인지문(동대문)을 향해 걸었어요. 마침내 흥인지문 밖 청계천에 이르렀지요. 그곳엔 나무로 만든 영미다리가 있었어요. 단종은 영미다리 위로 걸었어요. 그 뒤로 정순 왕후가 아무 말 없이 따라가고 있었지요. 영미다리 위에서 단종은 몸을 돌려 정순 왕후를 바라보았어요.

"왕비, 이제 돌아가시오."

단종의 눈에는 눈물이 가득했어요.

정순 왕후도 단종을 슬픈 눈으로 바라보았어요.

"폐하……."

정순 왕후의 목소리는 몹시 떨렸어요.

단종은 조용히 정순 왕후의 손을 잡았어요. 정순 왕후는 결국 통곡에 가까운 울음을 터뜨렸어요.

"가겠소."

단종은 손을 놓으며 말했어요.

"폐하, 옥체를 보존하소서."

떠나는 단종을 바라보며 정순 왕후가 간절히 말했어요. 단종은 신하와 함께 영미다리를 건너 계속 동쪽으로 걸어가기 시작했어요.

단종을 떠나보낸 정순 왕후는 다시 궁궐로 돌아가지 않았어요. 단종과 헤어진 흥인지문 밖에 머무르기로 한 것이지요. 그곳엔 고려 시대에 세워진 정업원이라는 절이 있었어요. 정순 왕후는 시녀 세 명과 그곳에 들어가 영월을 바라볼 수 있는 곳에 초가 암자를 짓고 오로지 단종만을 생각하며 살았어요.

금성 대군은 단종이 영월에 유배되었다는 소식을 듣고 참을 수 없어 다시 단종을 왕으로 세울 계획을 세웠어요. 하지만 이 일도 곧 세조의 귀에 들어가게 되었고 세조는 단종을 죽일 결심을 했어요.

'안됐지만 왕의 자리를 지키려면 어쩔 수 없어.'

1457년 6월 세조는 마침내 명령을 내렸어요.

"단종을 서인으로 강봉시키고 사약을 내려라!"

그때 단종의 나이는 17세였지요.

단종은 스스로 죽기로 결심했어요. 그래서 목에 끈을 두른 후 시종에게 말했어요.

"이 끈을 뒤에서 잡아당기도록 해라. 사약을 받느니 스스로 죽겠노라. 그리고 내 시체는 동강에 버리도록 해라."

시종은 도저히 그 뜻을 따를 수 없었어요.

"폐하, 제발…… 그 말씀을 거두소서."

하지만 단종은 단호하게 말했어요.

"어차피 죽을 목숨이다. 스스로 죽게 해 다오."

시종들은 할 수 없이 단종의 명령을 따랐어요. 그리고 단종의 시체를 동강에 띄운 뒤 그들도 모두 몸을 던졌어요.

영월에 사는 엄흥도라는 사람은 시종들을 건져 내고 단종의 시체를 찾아냈어요. 그는 영월 북쪽 동을지 언덕에 단종을 고이 묻었어요.

초가 암자에서 시녀 세 명과 살아가던 정순 왕후도 이 소식을 듣게 되었지요. 정순 왕후는 정업원 동쪽에 솟아 있는 산봉우리에 아침저녁으로 올라가 영월을 바라보며 눈물로 단종의 명복을 빌었어요. 그래서 그 산봉우리엔 '동망봉'*이라는 이름이 붙었지요. 또 청계천의 영미 다리는 단종이 정순 왕후와 이별하고 영영 못 건너온 다리라고 해서 '영도교'라고 불렀어요.

강원도 영월에 있는 단종의 능인 장릉

세조는 정업원 초가 암자에 정순 왕후가 있는 것이 마음에 걸려 '영빈정'이란 집을 지어 주었지만 정순 왕후는 단종과 헤어진 영도교 근처 정업원의 초가 암자를 떠나지 않았어요.

동망봉에 세워진 정자

정순 왕후의 생활은 무척 가난했어요. 그 근방의 부인네들은 정순 왕후가 안타까워 채소라도 바치고 싶어 했어요. 하지만 조정에서 정순 왕후와 가까이하는 사람을 감시했기 때문에 그것도 어려웠어요. 그래서 부인네들은 정업원 앞에서 채소 장사를 하는 것처럼 꾸며서 정순 왕후에게 채소를 갖다 주었어요. 정순 왕후는 이 초가 암자에서 82세에 조용히 눈을 감았답니다.

제 10 장
임금과 백성이 만난 광통교

'백성들의 생활이 어떤지 직접 나가봐야겠군.'

성종은 그런 생각을 했어요.

성종은 신하에게 무감을 한 명 데려오라고 했어요. 신하는 궁궐 밖으로 나갔어요. 그 당시 훈련도감에서는 한양을 지킬 군사들을 훈련시켰어요. 그 군사들 중 뽑힌 사람이 무감이에요. 무감은 궁궐 밖에서 내내 궁궐을 지켰어요.

"전하께서 부르시네."

신하는 한 무감 앞에 가서 말했지요.

무감은 깜짝 놀라 한참을 멍하게 서 있었지요.

"어서 가자고."

신하가 재촉했어요.

"예, 예."

무감은 정신을 차리며 신하를 따리 궁궐 안으로 들어갔어요. 성종은 튼튼하고 젊은 무감이 마음에 들었어요. 성종은 무감에게 조용히 말했어요.

"장안에 몰래 가서 백성들의 생활을 살피려고 너를 불렀다. 함께 갈 준비를 하거라."

무감은 임금님을 바로 옆에서 모실 수 있게 되어 가슴이 두근거렸어요. 성종은 곧 옷을 바꿔 입었어요. 그저 평범한 평민의 옷차림이었지요. 그 모습을 보니 무감은 웃음이 나왔어요.

임금은 무감을 보고 말했어요.

"이제부터 나를 이 첨지라고 불러야 한다. 알겠지? 어떠냐, 내 변장이."

"훌륭하십니다, 폐하. 영락없는 첨지십니다."

첨지란 중추부의 정3품 당상관의 나랏일을 보는 관리였어요. 하지만 보통 나이 많은 이를 낮추어 가볍게 부를 때도 첨지라고 했어요.

"자, 연습하거라. 나를 한번 불러 봐."

"……."

"어서!"

성종이 독촉하자 그제야 무감은 모기만 한 소리로 '이 첨지…….' 하며 얼버무렸어요. 성종은 크게 웃곤 무감을 데리고 궁궐 밖으로 걸어 나갔어요.

육조 거리

중앙 관서인 이조, 호조, 예조, 병조, 형조, 공조의 육조가 있었던 거리로 광화문 앞에서 광화문 사거리까지 이르는 종로구 세종로를 말한다.

운종가(雲從街)

많은 사람이 구름 같이 모였다 흩어지는 거리라는 뜻으로 종로 일대를 말한다. 이곳엔 점포가 집중적으로 발달되어 있어 많은 사람이 모여들었다.

"자, 네가 앞장서거라. 백성들이 가장 많이 모이는 곳이 어디더냐?"

무감은 청계천을 떠올렸어요.

"개천으로 나가시지요. 광통교에 가시면 많은 사람을 만나 보실 수 있사옵니다."

"오, 그래……. 그러면 앞장서거라."

광통교는 육조 거리★와 운종가★, 숭례문으로 이어지는 중심 통로였어요. 게다가 주변에 시전이 많아 한양에서 가장 많은 사람들이 모여들어 와글거렸어요. 사람들은 임금님이 자신의 옆을 지나가는 것도 모르고 제 일에 열중했어요. 웃는 사람, 잡담하는 사람, 물건을 깎으며 목소리를 높이는 사람…….

성종은 그런 백성들이 사랑스러웠어요.

"네가 보기에 백성들 형편이 어떠하여 보이느냐?"

성종은 무감에게 물었어요.

"모두 행복해 보입니다."

무감은 조용히 속삭이듯 말했어요.

성종은 고개를 끄덕거렸어요.

그때 갑자기 한 사람이 무감을 알아보며 큰 소리로 말했어요.

"아니, 자네 여기 웬일이야? 궁궐은 지키지 않고 개천엔 왜 와서 어물거려?"

마흔 정도 돼 보이는 나이인데 이마에는 유난히 깊은 가로줄 주름이 있었어요.

"누구야? 자네 형인가?"

그 사람은 성종을 힐끗 쳐다보더니 무감에게 말했어요.

"아닐세. 동관에 사는 이 첨지라고 하네."

성종은 태연하게 둘러댔어요.

"어, 그래요? 우리 인사합시다."

그 사람은 성종에게 불쑥 손을 내밀었어요.

성종은 따뜻하고 부드러운 손으로 거칠고 그을은 백성의 손을 꼭 잡았어요. 무감은 너무 놀라서 하마터면 '예끼 놈!' 하며 그 사람에게 호통 칠 뻔했어요. 하지만 성종은 '광통교 위에서 임금과 백성이 손을 잡는구나.'라고 생각했지요.

그때 우연히 성종은 다리 아래를 내려다보았어요. 거기서 웬 사람이 웅크리고 앉아 무언가 골똘히 생각하고 있었어요. 나이가 오십은 되어 보였는데 오른팔로 보따리를 소중하게 끌어안고 있었어요. 도대체 보따리 속에 무엇이 들어 있는지 궁금할 정도였어요.

성종은 무감에게 독촉하듯 말했어요.

임금과 백성이 만난 광통교

"우리 광통교 아래로 내려가 개천 물에 손이라도 씻어 보세. 물이 시원해 보이는구만."

성종은 다리 아래로 내려가 웅크리고 있는 사람에게 가까이 갔어요.

"여기서 무얼 하십니까?"

성종은 예의 바르게 물어보았어요.

"벼르고 벼르다 이제야 서울 구경 왔소이다."

그 남자도 예의 바르게 대답했어요.

"댁이 어디신지요?"

"경상도입니다."

"아이쿠, 멀리서 오셨군요."

"나이 오십이 되도록 한 번도 서울 구경을 못해 봤어요. 온 김에 임금님을 꼭 뵙고 가려고 하오."

이 말에 성종은 깜짝 놀랐어요.

"임금님을 말이오?"

"예, 우리 임금님이 얼마나 어지신 분이오? 덕분에 이렇게 잘먹고 잘사는데 서울 온 김에 꼭 뵈어야 해요. 언제 또 온단 말이오?"

성종은 깊이 감동을 했어요.

"이 보따리엔 무엇이 들어 있길래 이렇게 애지중지 끌어안고 있소?"

성종은 보따리를 보며 궁금한 듯 물었어요.

"아! 이것 말이오? 이건 임금님께 드릴 선물이오. 해삼과 전복이지요."

그 남자는 다시 한 번 보따리를 끌어안으며 말했어요.

"아, 아주 귀한 선물이군요."

성종은 흐뭇하게 웃으며 말했어요.

"그런데 어디 사시오?"

갑자기 그 남자는 성종에게 정겹게 물었어요.

"아…… 동관에 살지요. 동관에 사는 이 첨지요."

무감은 끼어들며 말했어요.

"동관? 그렇다면 임금님 계신 곳을 잘 알겠구려. 궁궐이 동관에서 가장 가깝지 않소? 다들 그러던데……. 제발 부탁이니 날 좀 안내해 주시오."

그 남자는 갑자기 보따리를 가슴에 끌어안으며 신신당부를 했어요.

"그럽시다. 난 임금을 잘 알고 있다오."

성종은 이렇게 말하며 그 사람의 표정을 살폈어요.

"언제 데려가 주겠소?"

그 남자가 독촉했어요.

"오늘은 날이 저물어 가니 내일 갑시다."

성종은 달래듯 말했어요.

"그럼 오늘은 이 광통교 아래서 자야겠구만. 내일 아침 깨끗이 씻고 임금님께 갑시다."

남자는 벌렁 드러누우며 말했어요.

성종은 그 남자가 다리 밑에서 자는 게 안쓰러웠어요. 그래서 무감에게 말했어요.

"저 사람을 오늘 집으로 데려가 재워 주고 내일 함께 입궐하도록 하게."

그날 밤 성종은 광통교에서 만난 사람들을 떠올리느라 제대로 잠을 이루지 못했어요. 경상도에서 온 사람이 만일 자신을 못 만났다면 소원을 이루지 못했을 것을 생각하니 청계천에 나가길 잘했다는 생각이 들었어요.

성종은 다음 날 용좌(임금님의 의자)에 앉아 광통교 아래에서 만난 사람을 기다렸어요. 잠시 후 무감이 그 남자를 데리고 왔어요. 그 남자는 성종을 보더니 흥분해서 큰 소리로 말했어요.

"아니, 이 첨지 아닌가? 자네가 여기는 웬일인가?"

무감과 신하들은 얼굴이 하얗게 질렸어요. 그러나 영문을 모르는 그 남자는 호통을 쳤어요.

"이 사람이! 어제 임금님을 잘 안다고 하더니만, 그렇다고 용좌에 앉으면 되겠나? 어서 내려오게! 어서!"

성종은 이리저리 날뛰는 그 사람을 빙그레 웃으며 바라보았어요. 속으로 '광통교에서 임금과 백성이 만나 정말 친구가 되었구만.' 하고 생각했어요.

광통교 모형
오늘날 광교 네거리에는 예전 광통교의 모습을 1/4로 축소하여 재현해 놓은 모형이 있다. 조선 시대에는 광통교에서 다리밟기가 성행하였고, 연날리기 등 민속놀이를 많이 했다.

제 11 장
장통방을 습격한 임꺽정

　오늘날 한강을 중심으로 서울을 강북과 강남으로 나누듯 조선 시대에는 청계천을 중심으로 북촌과 남촌으로 나누었어요. 북쪽에는 주로 권력을 쥐고 있는 양반들이 살았고 남쪽에는 몰락한 양반이나 손으로 물건을 만들며 살아가는 가난한 장인들이 살았어요.

　북촌이나 남촌과는 달리 청계천 장통교 주변 마을인 장통방은 중촌이라고 불렀지요. 그곳에는 역관(통역을 맡아보는 관리), 의관(의술에 종사하는 관원), 천문관(천체나 기상을 연구하는 관리), 시장에서 장사하는 사람들이 주로 모여 살았는데 그들은 조선 시대 중인 계급이었어요. 장통교 주변 사람들은 양반은 아니었지만 학식이 높고 특별한 기술을 가진 사람들이어서 부자들이었어요. 오늘날도 이곳에는 은행들이 즐비해 늘 돈이 오가는 곳이지요.

1560년 8월 어느 날 임꺽정 무리가 장통방을 습격했어요. 임꺽정은 1559년부터 1562년까지 조선 전 지역을 돌아다니며 도둑질을 일삼던 도둑 떼의 두목이었어요. 도둑 무리 속에는 여자까지 끼어 있었어요.

어느 날 여자 몇 명이 장사치로 변장하고 장통방에 들어왔지요. 몇 마디 오고 가는 사이 남자 패거리들이 갑자기 들이닥치며 보물과 물건을 빼앗더니 준비해 온 말에 급히 실었어요. 삽시간에 장통방은 아수라장이 되었지요.

군사들이 달려왔지만 도둑 떼는 바람처럼 도망쳤어요. 뒤를 쫓던 부장은 도둑이 쏜 화살에 맞아 그 자리에서 죽었어요. 군사들은 더 많이 몰려와 계속 활을 쏘며 도둑 떼를 뒤쫓았어요.

이때 여자 도둑 한 명이 말에서 떨어지고 말았어요. 임꺽정의 아내였지요. 도둑 떼는 임꺽정의 아내를 미처 구하지 못한 채 모습을 감추고 말았어요. 군사들은 임꺽정의 아내를 묶었어요.

"오간수문을 지켜라!"

포도대장이 명령했어요.

오간수문은 청계천 물줄기가 도성 밖으로 잘 빠져나갈 수 있도록 만든 수문이에요. 수문의 크기는 1.5미터 정도였고, 아치형으로 된 수문 다섯 개가 있었어요. 그래서 오간수문이라고 불렀지요. 종종 죄인이 오간수문을 통해 도망치거나, 몰래 침입하려는 자들이 밤을 틈타 오간수문으로 들

어오곤 했어요.

 포졸들은 오간수문 위와 그 근처에 진을 치고 임꺽정 무리가 도망치지 못하도록 지켰어요. 하지만 어디로 도망쳤는지 도둑 떼는 그 흔적조차 찾을 수 없었어요.

 원래 임꺽정은 경기도 양주에 살던 백정이었어요. 백정이란 소, 돼지, 개 따위를 잡는 일을 직업으로 하는 사람으로 조선 시대 천민 계급이었어요. 하지만 이 일도 마땅치 않아 임꺽정 가족은 굶주림에 시달려야 했지

오간수문
청계천 물이 성 밖으로 잘 빠져나가도록 하기 위해 성벽 아래 설치한 수문으로 이 수문이 다섯 개가 있어서 오간수문이라고 했다. 수문마다 사람들이 함부로 드나들지 못하도록 쇠창살로 철문을 만들었다. 1907년 일제에 의해 파괴되고 다리가 놓여져 이때부터 오간수교라고 불렀다.

요. 그래서 갈대밭에 나가 갈대를 꺾어다 버들고리(갈대를 엮어 만든 옷 넣는 상자)를 만들어 팔기도 했어요.

그러던 어느 날 아내가 말했어요.

"여보, 황해도로 갑시다. 황해도에 가면 갈대밭 천지라고 합디다."

결국 임꺽정 가족은 보따리를 꾸려 양주를 떠났어요.

황해도까지 걸어 올라간 임꺽정은 갈대가 많은 곳을 찾아갔어요. 아내의 말대로 황해도엔 갈대를 꺾어 그릇이나 삿갓(비나 해를 가리기 위해 쓰는 모자), 고리짝(옷을 담는 버들고리의 서랍)을 만들어 파는 사람들이 많았어요. 갈대를 얼마든지 꺾어 물건을 만들 수 있었지요.

그런데 1553년 갑자기 내수사(궁중에서 쓰는 쌀, 베, 잡물, 노비 등을 주관하던 관청)에서 오래 묵혀 갈대밭이 거칠어졌다며 갈대밭을 빼앗았어요. 이제 갈대밭은 내수사의 것이 되어 돈을 내고 갈대를 사야 했어요.

"우리를 죽이려는 것이군."

이제 더 이상 갈대로 물건을 만들 수 없는 형편이 되었어요. 임꺽정은 함께 고리짝을 만들어 팔던 사람들에게 외쳤어요.

"이젠 도둑질밖에 할 게 없어!"

임꺽정의 얼굴은 험하게 일그러졌어요.

사실 그 당시를 '도둑들의 세상'이라고 해도 틀린 말이 아니었어요. 연산군은 전혀 나라를 돌보지 않고 사치와 방탕으로 세월을 보내다 쫓겨났어요. 그 뒤를 이은 중종 역시 문란해진 나라를 바로잡으려 했지만 개혁에 실패했지요. 중종과 장경 왕후 사이에서 태어난 인종은 왕위에 오른 지 겨우 9개월 만에 죽었어요. 그러자 중종과 문정 왕후 윤씨 사이에서 태어난 명종이 왕위에 오르게 되었어요. 하지만 명종이 겨우 12세밖에 되지 않아 어머니인 문정 왕후 윤씨가 수렴청정(임금이 너무 어릴 때 왕의 어머니나 할머니가 정치를 대신하는 것)을 하며 막강한 권력을 휘두르기 시작했어요.

문정 왕후는 동생인 윤원형을 영의정에 앉혔어요. 윤원형이 남의 노예와 재산을 뺏는 것은 보통 일이었어요. 윤원형은 한성 안에 집이 15채나 되었어요.

배고픔을 이기지 못한 농민들은 하나 둘씩 도둑이 되어 갔어요.

날쌔고 튼튼했기에 임꺽정을 중심으로 사람들이 몰려들기 시작했어요. 그들은 황해도 구월산에 소굴을 만들었지요.

"관아를 습격하여 곡식을 빼앗자. 그리고 굶주린 사람들을 구하자!"

임꺽정은 부하들에게 이렇게 말했어요.

도둑들은 야릇한 기분이 들었어요. 자기들이 어려운 백성을 구하는 의적이 된 것 같았지요.

임꺽정은 경기도와 황해도의 관아를 습격하여 창고를 몽땅 털어 굶주리고 있는 백성들에게 나누어 주었어요. 이제 백성들은 모두 임꺽정 편이었어요. 관아에서 임꺽정을 잡으려 들면 사람들이 얼른 임꺽정에게 알려 도

망치게 했어요.

1559년 포도관 이억근은 군인 20명을 데리고 구월산 임꺽정 소굴을 습격했어요. 하지만 한 사람도 살아남지 못했어요. 그 뒤로도 계속해서 습격을 받자 임꺽정은 부하들을 이끌고 평산 마산리로 도망갔어요. 조정에서는 이것을 알고 군사 500명을 풀어 그들을 잡게 했어요. 하지만 임꺽정 무리는 부장 연천령을 죽이고 말을 몽땅 빼앗은 후 또 달아났어요.

장통방에서 아내를 떨어뜨리고 도망친 후로도 임꺽정은 계속해서 여기저기 귀신처럼 나타나 불을 지르고 사람을 죽이고 물건을 빼앗아 갔어요.

"당장 임꺽정을 잡아들여라!"

포도대장의 명령에 군사들이 이곳저곳에서 임꺽정이라며 잡은 자들이 한둘이 아니었어요. 때론 아무 죄 없는 사람까지 임꺽정으로 오해받아 붙잡혀 가는 바람에 나라는 더욱더 혼란에 빠졌어요.

조정에서는 임꺽정의 아내를 전옥서의 종으로 삼고 서울로 들어오는 모든 길을 막았어요. 임꺽정은 부하 몇 명을 일부러 잡히게 하여 전옥서에 들어가게 한 뒤 아내를 구하러 갔어요. 모두가 깊이 잠든 밤이었지요. 포졸들은 정신을 바짝 차리고 임꺽정의 아내를 감시하고 있었어요. 그런데도 임꺽정은 바람처럼 나타나 아내를 들쳐 메고 전옥서를 도끼로 부수고 도망쳤어요. 임꺽정은 청계천 물과 함께 오간수문으로 빠져나가 사라졌어요.

하지만 1560년 12월 마침내 임꺽정의 참모인 서림이 붙잡혔어요. 나라에서는 서림을 이용해 임꺽정을 잡을 계획을 세웠어요.

"네가 임꺽정을 잡도록 도와준다면 목숨만은 살려 주겠다."

포도대장의 말에 서림은 기꺼이 그렇게 하겠다고 대답했어요.

임꺽정은 부하들을 요소요소에 배치시킨 뒤 구월산으로 다시 들어갔어요. 하지만 워낙 나라에서 군사를 많이 풀어 임꺽정을 잡으려고 했기 때문에 임꺽정은 부하들을 하나 둘 잃어 갔지요.

결국 1562년 1월 수백만의 군사가 구월산으로 들이닥쳤어요. 임꺽정은 군사를 죽여 그 군사의 옷으로 갈아입고 골짜기를 넘어 도망쳤어요. 그리고 한 노파의 집으로 숨어들었어요. 임꺽정은 노파 앞에 칼을 들이대며 낮은 소리로 말했어요.

"내 말을 잘 들어라!"

"누구요?"

노파는 하얗게 질려 부들부들 떨었어요.

"밖에 군사들이 깔려 있다. '도둑이야!' 하고 소리치며 나가라!"

노파는 너무 무서워 시키는 대로 하겠다고 했어요.

노파가 '도둑이야!'라고 소리치며 나가자 군사들이 몰려들었어요. 그때 군사복으로 변장한 임꺽정이 칼을 빼어 든 채 천천히 나오며 말했어요.

"도둑은 도망쳤소!"

군사들은 우왕좌왕했어요. 그 틈을 타 임꺽정은 얼른 군사의 말에 올라타고 달아났어요.

그때 서림이 외쳤어요.

"저놈이 임꺽정이다!"

군사들은 일제히 임꺽정에게 달려들었어요. 임꺽정은 이렇게 해서 결국 붙잡히고 말았어요. 임꺽정은 조정을 조롱하듯 부수고 도망쳤던 전옥서로 끌려와 15일 후 죽임을 당했어요.

이익*은 〈성호사설〉*에서 임꺽정을 앞 시대의 홍길동과 뒤 시대의 장길산과 함께 3대 도둑이라고 썼어요.

이익(李瀷, 1681~1763)

조선 후기의 문신, 사상가, 철학자, 실학자, 역사가, 교육자이다. 성호사설은 저자가 책을 읽다가 느낀 점이 있거나 흥미 있는 사실이 있으면 기록해 둔 것들을 집안 조카들이 정리한 책이다. 이 책은 서양의 새로운 지식을 적극적으로 수용했으며, 당시의 세태 및 학문의 태도에 대해 개방적인 자세를 취하고 있다.

이익의 성호사설

제 12 장
청계천 다리밟기와 이안눌 이야기

정월 대보름날, 하늘에서 달빛이 환하게 쏟아지고 있었어요. 서울 사람들은 이날을 몹시 기다렸어요. 금빛 물이 흠뻑 들어 반짝거리는 청계천에 나가 다리밟기를 하려는 것이지요. 청계천에는 다리 12개가 놓여 있었어요. 다리밟기는 12개의 다리를 일일이 밟아 보는 놀이예요. 남자든 여자든 젊은이든 늙은이든 양반이든 서민이든 구분 없이 다리밟기를 했어요.

정월 대보름날 밤 서울 사람들은 광교와 수표교로 모두 나왔어요. 그리고 보신각 종소리를 기다렸지요.

'댕. 댕.'

종소리가 울리면 일제히 일어나 다리를 밟기 시작했어요. 어떤 사람은 태평소와 장구를 울렸어요. 어떤 사람은 시를 읊으며 다리를 밟았지요.

그러면서 하늘에 걸린 달을 두 손 모아 바라보거나 때로는 청계천 물에 풍덩 빠진 달을 바라보며 기도했지요.

"제발 올 한 해 농사, 풍년 되게 해 주세요."

"제발 올해는 아들을 낳게 해 주세요."

"제발 올해엔 맏아들 장원 급제 시켜 주세요."

소원도 가지가지였지요.

광통교와 수표교를 시작으로 12개 다리를 다 밟으려면 꼬박 밤을 새워야 했지요. 새벽녘 다리밟기가 끝나면 저고리의 동정을 부욱 뜯어내는 사람도 있었어요. 뜯어낸 동정에 엽전을 곱게 싸서 다리 밑으로 던지며 큰 소리로 외쳤지요.

"1년 내내 귀신을 모두 쫓아내 주세요!"

해를 거듭할수록 사람들이 다리밟기에 더 많이 나왔어요. 정월 대보름만 되면 청계천은 너무 복잡해서 정신이 없었어요. 이렇게 되자 양반들은 정월 대보름 하루 전에 미리 나와 다리밟기를 했어요. 그래서 14일은 양반 다리밟기 날이 되었지요.

그러자 여인들은 '우리도 정월 대보름을 피해 우리끼리 하는 게 좋겠어.' 하며 16일 밤에 모였어요. 여인들은 이날 밤 트레머리를 하고 예쁜 장식을 했지요. 이제 청계천은 3일간이나 북적거리게 되었어요.

조선 시대에는 한밤중에 사람이 함부로 다닐 수 없는 통행금지가 있었어요. 하지만 임금님은 사흘 밤 동안은 서울 사람들이 자유롭게 다닐 수 있도록 허락했어요.

　선조 때 '이안눌'이라는 사람이 있었어요. 이안눌은 선비들이 모여 살던 남산골 청학동의 유명한 시인이던 이행의 손자였어요. 자연히 이안눌도 어릴 때부터 열심히 책을 읽었는데 책 한 권을 만 번이나 되풀이해 읽었다고 해요.

청년 이안눌도 친구들과 다리밟기를 하러 청계천에 나왔어요.

"자, 우리도 오늘 밤 다리밟기를 하며 모든 귀신을 물리치고 소원을 이루세."

이안눌이 친구들에게 웃으며 말했어요.

벌써 광통교 다리 아래에는 한 놀이패가 예쁘게 꾸민 어린아이를 무등 태우고 신 나게 춤을 추고 있었어요. 그 옆에선 소리패들이 장구를 치며

노래를 부르고 있었지요. 이안눌과 친구들은 저절로 신이 났어요.

 "자네, 예쁜 색시 얻게 해 달라고 소원을 빌지 그래?"

 한 친구가 이안눌에게 말했어요.

"자네도 그러길 바라네."

 이안눌은 큰 소리로 웃으며 말했어요.

 이안눌은 할아버지 이행에게 배운 시를 읊으며 다리를 밟기 시작했어요.

 그 소리를 듣고 한 친구가 외쳤어요.

"과거에 급제하게 해 달라고 빌게!"

 이안눌과 친구들은 광통교를 다 밟고 나서 다리 앞 술집에서 술 한 잔씩을 마셨어요. 춥기도 하고 신 나기도 했기 때문이지요. 그리곤 또 다음 다리로 갔지요. 그 다리를 다 밟고 또 술 한 잔씩을 마셨어요.

 그러다 보니 이안눌과 친구들은 정신이 하나도 없었어요.

"정말 취하는구만. 그래도 다리를 다 밟아야 하네."

 이안눌은 비틀거리며 말했어요.

"그래, 그래. 부지런히 밟아야 소원을 이루지."

 친구들도 비실비실 웃으며 말했어요.

 그러다 그들은 그만 뿔뿔이 헤어지고 말았어요. 정신이 하나도 없는데다 사람이 많아서 언제 어디서 헤어졌는지도 몰랐지요.

"다리밟기, 다리밟기……."

이안눌은 연신 중얼거리며 걷고 있었지만 자신이 어디로 가는지도 모를 정도로 취해 있었어요.

이안눌이 가고 있는 곳은 신전골이라는 마을이었어요. 갑자기 이안눌 앞에 큰 대문이 보였어요.

"아아, 어머니."

이안눌은 어머니를 부르며 대문 앞에 쓰러졌어요.

큰 대문의 집은 김지사라는 역관의 집이었어요. 김지사에게는 착하고 예쁜 외동딸이 있었어요. 김지사의 딸은 밖에서 다리밟기를 하느라 떠들썩한 소리를 들으며 잠자리에 누웠어요. 어서 16일이 왔으면 좋겠다고 생각했어요. 16일은 여인들이 다리밟기하는 날이니까요. 김지사의 딸은 무슨 소원을 빌지 곰곰 생각하고 있었어요. 그러느라 잠이 잘 오지 않았어요.

보신각 종소리가 울리고 몹시 떠들썩했던 바깥이 이젠 조용해진 듯했어요. 김지사의 딸은 누워 있기가 답답했어요. 그래서 살그머니 방문을 열고 마당으로 나왔어요. 하늘에서 달빛이 쏟아져 마당이 금빛으로 출렁이고 있었어요. 부모님도 하인들도 모두 깊이 잠이 든 듯 집 안이 조용했어요. 김지사의 딸은 대문 밖을 한번 내다보고 싶었어요.

'사람들이 다리밟기를 모두 끝냈나?'

이렇게 속으로 중얼거리며 대문으로 가 조용히 문을 열었어요. 삐걱 소리가 날까 봐 아주 조심조심 열었지요.

겨우 제 몸 하나 빠져나갈 만큼 문을 열고 살짝 대문 밖으로 나간 김지사의 딸은 그만 소스라치게 놀라고 말았어요. 대문 앞에 이안눌이 쓰러져 있는 것을 본 거예요.

김지사의 딸은 이안눌의 어깨를 들어 보았어요. 온몸이 언 듯 차가웠어요. 이안눌은 찬 땅바닥에 얼굴을 대고 잠이 들어 있었어요.

'이 겨울에…… 그냥 두면 죽겠어.'

김지사의 딸은 어떻게 해야 할지 안절부절못했어요. 그래서 이안눌의 어깨를 흔들어 깨웠어요.

"여보세요, 여보세요."

"음…… 음……."

이안눌이 고통스럽게 고개를 들었어요. 달빛 아래 이안눌의 얼굴이 곱게 드러났어요.

"이대로 여기 누워 계시면 죽습니다."

김지사의 딸은 안타깝게 이안눌을 흔들었어요. 하지만 이안눌은 꼼짝도 안 하는 것이었어요.

김지사의 딸은 이안눌을 문밖에 두고 도저히 집 안으로 들어갈 수가 없었어요. 그대로 두면 이안눌이 얼어 죽을 게 뻔했어요. 누구의 도움이라도 받으면 좋으련만 지나가는 사람도 없었어요. 하는 수 없이 김지사의 딸은 엄청난 결심을 했어요.

'사람을 죽게 둘 순 없어.'

김지사의 딸은 있는 힘을 다해 이안눌을 일으켰어요. 이안눌은 계속 신음을 했어요. 김지사의 딸은 이안눌의 팔을 잡아 집 안으로 끌어당겼어요.

"어머니, 어머니……."

그제야 이안눌은 어머니를 연신 부르며 간신히 일어서는 것이었어요.

"정신 차리세요. 절 따라오세요."

김지사의 딸은 있는 힘을 다해 이안눌을 부축했어요. 그리고 자신의 방으로 간신히 데려갔지요. 김지사의 딸은 너무 힘이 들어 이마에 땀이 송글송글 맺혔어요. 김지사의 딸은 자신의 방문을 열어젖히고 이안눌을 방 안으로 끌어당겼어요.

"억!"

이안눌은 고통스런 신음 소리를 내며 문지방에 걸려 넘어졌어요.

김지사의 딸은 얼른 이안눌의 신발을 벗긴 후 방으로 들어가 겨드랑이에 자신의 손을 넣고 힘껏 잡아당겼어요. 김지사의 딸이 애를 쓰자 이안눌도 몸을 들어 엉금엉금 기어 방 안으로 들어갔어요. 김지사의 딸은 방문을 얼른 닫았어요.

"휴우."

김지사의 딸은 너무 힘이 들어 이젠 자기가 쓰러질 것 같았어요.

　그런데 갑자기 겁이 덜컥 났어요. 남녀가 마주 보지도 못하는 조선 시대에 모르는 청년을 자신의 방에 데려왔으니 정말 큰일이었지요. 하지만 김지사의 딸은 '사람을 죽게 내버려 둘 수는 없는 노릇이잖아.' 하며 스스로에게 말했어요. 그리곤 자신의 깨끗한 이불 속에 이안눌을 눕혔어요. 새벽이 지나도록 김지사의 딸은 윗목에 쭈그리고 앉아 있었어요.
　몇 시간이 흐른 뒤 이안눌은 정신이 드는지 간신히 일어났어요. 김지사의 딸은 겁에 질려 이안눌을 바라보았어요. 이안눌은 낯선 방을 두리번

거리더니 윗목에 쭈그리고 앉아 있는 김지사의 딸을 보고 깜짝 놀랐어요. 이안눌은 잠시 정신을 가다듬었어요. 어젯밤 다리밟기를 하다 정신이 희미해진 뒤론 하나도 생각나는 게 없었어요.

"여기가 어디요? 처자는 누구시오?"

이안눌은 잔뜩 겁에 질려 물었어요.

"여기는 제 방이옵니다. 어젯밤 우연히 밖에 나갔다가 대문 앞에 쓰러져 계시길래 어쩔 수 없이 이렇게……."

김지사의 딸은 그만 울음을 터뜨리고 말았어요.

그 말을 듣고 이안눌은 너무 놀라 자리에서 벌떡 일어났어요.

"내가 큰 실수를 했구려. 사람들이 일어나기 전에 어서 여기를 떠나야겠소."

이안눌은 방문을 열려다 말고 김지사의 딸을 돌아보았어요. 자신이 가 버리면 김지사의 딸이 앞으로 무슨 일을 당할지 모른다고 생각하니 그냥 두고 떠날 수가 없었어요.

"제가 해서는 안 될 짓을 했습니다. 저는 죽어 마땅합니다."

김지사의 딸은 눈물을 멈추지 못했어요.

"당신이 나를 살려 냈으니, 나도 당신을 버릴 수 없소."

이안눌은 김지사의 딸에게 손을 내밀었어요.

이안눌은 김지사의 딸을 아내로 맞이했어요. 그리고 열심히 공부했지요.

동학선생시단

늘 그렇듯 책을 만 번씩 읽었어요. 그래서 28세에 문과에 급제한 후 부제학과 예조판서도 지냈어요. 결혼도 하고 과거에도 붙었으니 다리밟기에서 소원을 빈 것이 모두 이루어진 것이지요.

중구 필동의 동국대학교 안에는 '동악선생시단'*이라고 새겨진 큰 바윗돌이 있어요. 동악 선생이 바로 이안눌이랍니다.

제 13 장
장통방에 살던 역관의 딸 장옥정

장통교 근처 장통방에 장경의라는 역관*이 살고 있었어요. 장경의는 장통교 주변에서도 소문난 부자였는데 그에게는 장옥정이라는 예쁜 딸이 있었어요.

"임금님께서 오늘 영희전에 참배하러 수표교를 지나가신대."

사람들이 수군거렸어요. 장옥정도 사람들이 이야기하는 소리를 들었어요.

조선 시대 임금들은 설, 한식, 단오, 추석, 동지, 섣달 그믐날이면 임금의 영정(사람의 얼굴을 그린 그림)을 모신 영희전으로 참배(영정 앞에서 절하고 기도하는 일)를 떠났어요. 영희전은 남부 훈도방에 있었는데 그곳에 가려면

> **역관**
> 기술과 행정실무뿐만 아니라 지식과 경제력에서도 양반계층에 뒤지지 않았던 조선 시대의 중인 계층. 외교나 국제 무역상의 일을 했다.

수표교를 건너야 했어요. 장통방 앞 장통교는 광통교와 수표교 사이에 있었어요.

장옥정은 가슴이 두근거렸어요. 임금님을 직접 볼 수 있었으니까요. 장옥정의 집에서는 수표교가 빤히 보였어요. 장옥정은 임금님이 지나가는 모습을 보려고 내내 기다렸어요. 드디어 저만치에서 숙종이 신하들을 거느리고 수표교 쪽으로 왔어요. 장옥정은 숙종이 신하들과 수표교를 지나가는 모습을 내다보았어요. 그리고 또 숙종이 참배하고 돌아올 때를 기다렸지요. 마침내 숙종이 다시 수표교를 건넜어요. 장옥정은 문밖으로 나가 두 손을 모으고 숙종을 바라보았어요.

숙종은 수표교를 건너면서 장통교 주변을 바라보았어요. 그러다 자신을 바라보고 있는 장옥정과 눈이 마주쳤어요. 장옥정은 깜짝 놀라 고개를 숙였어요.

'저다지도 아리따운 처자가 있단 말인가?'

장옥정을 처음 본 순간 숙종은 마음이 흔들렸어요. 그래서 신하에게 물었어요.

"저기 문밖에서 이곳을 바라보고 있는 아가씨가 누구냐?"

신하는 장옥정을 쳐다보았어요.

"저곳은 역관 장경의의 집이옵니다. 아마도 그의 딸인듯 하옵니다."

"그래? 저 처자를 궁궐로 부르도록 하라."

22세의 장옥정은 이렇게 해서 1680년 궁녀로 궁궐에 들어오게 되었어요. 그 뒤 장옥정은 숙종의 사랑을 독차지했고 1686년 곧 숙원(조선 시대 임금의 후궁에게 내리던 품계)에 오르게 되었지요. 하지만 이후부터 장옥정으로 인해 궁궐에는 큰 혼란이 찾아왔어요.

숙종의 왕비 인현 왕후는 예의 바르고 덕이 높았지만 왕자를 낳지 못했어요. 이 일은 나라의 큰 걱정거리이기도 했지요. 그런데 1688년 장옥정이 왕자 균을 낳았어요.

숙종은 무척 기뻤어요. 그래서 어서 왕자 균을 왕세자로 삼고 싶어했어요. 그러나 송시열 등 여러 신하들이 이 일을 반대했어요.

"폐하, 아직 왕비께서 나이가 많지 않으시니 왕자를 기다리셔야 하옵니다."

하지만 숙종은 몹시 화를 내며 이들을 모두 몰아내고 기어이 장옥정의 아들을 왕세자로 정했어요.

마음 착한 인현 왕후는 장옥정이 왕자를 낳은 것을 기뻐하며 이를 축하했어요. 그런데 장옥정은 인현 왕후를 내쫓고 왕비에 오르고 싶은 욕심으로 가득했어요.

숙종이 장옥정을 희빈으로 올려 주자 이젠 인현 왕후를 모함하기 시작했어요.

"폐하, 저는 궁궐에서 견딜 수가 없습니다. 왕자를 낳은 것을 질투하여 중전께서 저를 독살하려 했습니다."

숙종은 장옥정의 말을 무조건 믿었어요.

이 일로 결국 인현 왕후는 궁궐에서 쫓겨나고 말았어요. 폐비(왕비의 자리에서 물러나게 된 왕비)가 된 인현 왕후는 안국동 친정으로 가서 눈물로 세월을 보냈어요. 인현 왕후가 궁궐에서 쫓겨나게 되면서 하나뿐인 오빠와 좌의정이던 삼촌 등 인현 왕후의 친척들까지도 모두 귀양을 가게 되어 그 슬픔은 말로 할 수 없었어요.

인현 왕후가 이렇게 4년이나 눈물로 세월을 보내는 사이 장옥정은 마침내 중전의 자리에 올랐어요. 하지만 모든 백성들은 장옥정이 얼마나 악한 여자인가를 알고 있었어요. 아이들이 이런 노래를 부르고 다닐 정도였지요.

장다리는 한철이나
미나리는 사철이라

장다리는 붉은 꽃을 피우지만 오래가지 못하고 미나리는 약하지만 오래간다는 뜻이에요. 장다리는 장옥정을 가리키는 것이고 미나리는 인현왕후 민씨를 가리키는 것이었어요. 장옥정이 인현 왕후를 내쫓고 왕비에 올랐지만 그다지 오래가지 못할 것이라고 예언하는 노래였지요.

이 노래는 숙종의 귀에까지 들어갔어요. 숙종도 이제 인현 왕후에게 했던 자신의 행동이 너무 심했다고 뉘우치게 되었어요.

어느 날 숙종은 궁궐을 거닐다 무수리 최씨를 만났어요. 무수리는 세숫물을 떠다 바치는 여자 종을 말하지요. 최씨 역시 인현 왕후가 궁궐에서 쫓겨난 것을 몹시 슬퍼하며 그리워하고 있었어요. 마침 숙종이 무수리 최씨를 본 것은 인현 왕후의 생일날이었어요. 최씨는 자신의 방에 인현 왕후가 입었던 옷과 띠를 걸어 놓고 눈물짓고 있었어요. 그것을 본 숙종은 인현 왕후를 쫓아낸 것을 더 깊이 뉘우쳤어요.

장옥정은 몹시 불안했어요. 그래서 무수리 최씨의 방으로 쳐들어갔어요. 최씨는 비록 천민이지만 아름답고 교양 있는 여종이었어요. 장옥정은 불같이 화를 내며 벽에 걸린 인현 왕후의 옷을 내팽개쳤어요. 뿐만 아니라 욕을 하며 최씨를 마구 때렸어요.

그런데 숙종이 그 모든 것을 알게 되었어요. 숙종은 그제야 자신의 판단이 잘못되었음을 깨달았어요. 그래서 장옥정을 다시 빈으로 내리고 인현 왕후를 궁궐로 불러들여 왕비 자리에 앉혔어요.

온 백성은 이 일을 기뻐했어요. 하지만 장옥정은 참을 수 없었어요. 그래서 자신의 거처인 취선당으로 무당을 불러들였어요.

"어떻게 하면 인현 왕후를 죽일 수 있소?"

장옥정은 무당에게 인현 왕후를 죽일 수 있는 방법을 알려 달라고 간곡

히 부탁했어요.

무당은 취선당 서쪽에 방을 마련하고 벽에 인현 왕후 그림을 걸었어요. 그리고는 화살로 그 그림을 쏘았어요. 무당은 장옥정에게도 활과 화살을 주었어요. 장옥정은 야릇한 미소를 지으며 무당으로부터 활과 화살을 받아 들었어요. 이번에는 장옥정이 활을 쏘았어요. 장옥정은 마치 정신이 나간 듯 쉴 새 없이 인현 왕후 그림에 화살을 쏘았어요. 화살을 모두 쏘면 몽땅 뽑아와 다시 쏘았지요.

비록 궁궐로 돌아왔지만 4년 동안이나 근심의 세월을 보낸 인현 왕후는 건강이 몹시 나빠져 있었어요. 숙종은 이런 인현 왕후를 극진히 사랑하고 보호했어요. 하지만 인현 왕후의 병은 몹시 깊어 있었어요.

그러던 어느 날 갑자기 인현 왕후의 몸에 종기가 돋기 시작했어요. 아무리 약을 써도 종기는 가라앉지 않고 인현 왕후를 고통스럽게 했어요.

인현 왕후는 2년 8개월 동안 병을 앓다가 결국 1701년 8월 35세 나이로 죽고 말았어요.

숙종은 인현 왕후의 죽음을 무척 슬퍼했어요. 백성들의 슬픔도 한가지였어요. 장옥정만이 무당에게 고마워하며 속으로 한없이 웃고 있었지요.

무수리 최씨는 억울한 인현 왕후의 죽음을 모른 체할 수 없었어요.

"폐하, 중전마마의 원한을 풀어 주소서."

최씨는 숙종을 찾아가 눈물을 흘리며 말했어요.

"무슨 일이냐?"

숙종이 최씨에게 물었어요.

"취선당에서……."

최씨는 차마 말을 잇지 못했어요.

숙종은 벌떡 일어섰어요. 취선당으로 달려가 문을 열어젖힌 숙종은 화살이 수없이 꽂힌 인현 왕후 그림을 보고 치를 떨었어요.

"당장 장희빈에게 사약을 내려라!"

사약을 받아 든 장옥정은 입을 꽉 다물고 사약을 마시려 하지 않았어요.

왕세자는 숙종 앞에 무릎 꿇고 빌었어요.

"아바마마, 제발 용서하시옵소서."

하지만 숙종은 명령했어요.

"장희빈의 입을 열어 사약을 부어라!"

신하들이 강제로 장옥정을 꼼짝 못하게 붙잡고 입을 열어 사약을 부어 넣었어요.

장옥정은 고통스럽게 소리를 질러 대며 몸을 뒹굴었어요. 숙종은 뒤돌아 그곳을 떠났어요.

"어마마마! 어마마마!"

오직 왕세자만이 장옥정을 부둥켜안고 울부짖고 있었어요.

제 14 장
청계천을 가장 사랑한 왕, 영조

　조선의 임금 중 가장 청계천을 사랑하고 보호했던 왕은 영조였어요. 영조가 왕위에 올랐을 때 조선은 임진왜란과 병자호란을 겪은 뒤였어요. 이처럼 계속된 외적의 침입으로 땅이 황폐해져서 수많은 사람들이 고향을 버리고 한양으로 올라와 청계천 옆에 자리를 잡았어요. 청계천 물로 채소밭이라도 가꾸려는 것이었지요.

　전쟁으로 산에는 나무 한 그루 제대로 없었어요. 사람들이 함부로 베어 갔거나 불에 타 버렸기 때문이었지요. 산에서 쏟아져 흘러온 흙들이 청계천 바닥에 높게 쌓였어요. 그래서 청계천은 제구실을 하지 못했어요. 조금만 비가 와도 물이 넘쳐 밭과 집들이 물에 잠겼어요.

　영조는 직접 청계천에 나와 보았어요. 신하들과 광통교 위에서 개천을 내려다보니 모래와 흙이 가득했어요. 영조는 개천가에 사는 사람들을 모두 나오게 했어요. 그리고 그들에게 말했어요.

"개천이 이 지경이니 어찌하면 좋겠느냐?"

그러자 한 사람이 영조에게 말했어요.

"소인이 어릴 때만 해도 다리 아래로 말이 지나갔지만 이제는 모래가 쌓여 다리와 맞닿을 정도이옵니다. 그러니 개천을 파야 하옵니다."

영조는 신하들에게도 의견을 물었어요. 신하들 중 청계천을 관리할 수 있는 방법을 생각해서 영조에게 말한 사람은 홍봉한이었어요.

"개천 바닥을 파서 쳐내지 않으면 근심이 더욱더 커질 것이옵니다."

영조는 선비들의 의견을 더 듣고 싶어 과거 시험에 청계천에 관한 문제를 내기로 했어요.

1754년(영조 30년) 3월 25일 영조는 과거 시험 장소인 명정전에 직접 나갔어요. 그리고는 문제를 냈어요.

영조(1694~1776)
조선 제21대 왕으로 1724~1776년 왕위에 있었다. 탕평책을 써서 붕당 대립을 줄이고, 농업 정책과 세금법을 개선해서 백성들이 편안하게 사는 데 힘썼다. 또 청계천을 준설하고 신문고를 설치하는 등 수많은 업적을 남겼다.

'개천을 파는 것이 이로운지 해로운지 이유와 함께 쓰시오.'

그런데 모두 청계천을 파내야 한다고 했어요.

1760년(영조 36년) 마침내 오간수교에서 영도교까지의 흙을 파내는 일이 시작되었어요. 영조는 백성들에게 이 일에 협조할 것을 당부했어요.

수많은 사람들이 청계천에서 일하려고 모여들었어요. 한성부민은 15만 명이 참여했고 다른 지역에서 온 사람들이 5만 명이었어요. 또 이 일을 해내는 데 57일이 걸렸고 돈이 3만 5천 냥, 쌀이 2천 3백 석이 들었어요. 파낸 흙은 오간수교 옆에 모았어요. 파낸 모래흙이 얼마나 많았는지 산을 이룰 정도였지요. 그 산을 '조산'이라고 불렀어요.

사람들은 청계천이 깨끗해져서 기뻤고 일거리를 얻어서 행복했어요. 모래흙 속에 갇혀 있던 청계천 다리들이 서서히 모습을 드러냈어요.

영조는 광통교, 오간수교, 영도교 다리 기둥에 '경진지평(庚辰地平)'이라는 글을 새기게 했어요. 처음 청계천을 파낸 1760년이 경진년이었기 때문이지요.

그리고 영조는 명령했어요.

"경진지평이라는 글자가 절대 흙에 가려지지 않도록 청계천을 관리하라."

57일간의 청계천 준천 때 영조는 여러 번 오간수교에 나가서 일꾼들을

▲ **어전준천제명첩**
1760년(영조 36년)에 실시된 준천 의식을 기념하여 그린 것으로 준천이 국가적 대역사였음을 알려 주는 자료이다. 왕이 개천 치는 일을 보는 모습이 위쪽 중앙에 있고 아랫 부분에 사람들이 개천을 치는 모습과 소를 이용하여 개천 바닥을 파내는 모습이 나타나 있다.

준천사실 ▶

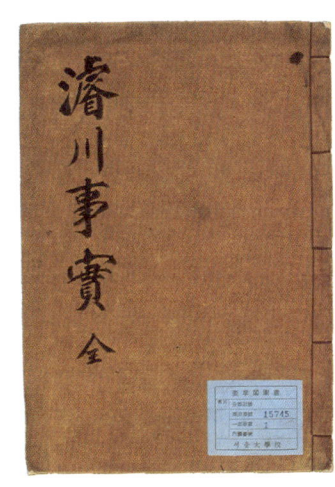

영조는 청계천의 무너진 다리를 보수하고 물이 잘 흐르도록 하기 위해 준천사를 설치하고 작업을 하도록 했다. 준천사가 설치되고 개천 공사를 후세에 알리기 위해 한성판윤 홍계희가 준천사의 사업 내용을 기록한 책이 준천사실이다. 준천사실에는 준천사의 구성이나 임무, 하천이 막히는 원인과 대책, 보수, 개천 문제 등에 관하여 쓰여 있다.

칭찬하고 격려했어요. 그리고 화가에게 오간수교 위에 있는 자신을 그림으로 그리라고 했어요. 그 그림이 '어전준천제명첩'★이지요. 이 그림에는 청계천을 파내는 일꾼들의 모습도 함께 있어요.

 영조는 개천의 흙을 파서 쳐내는 일을 맡아 보는 준천사를 관수교 옆에 만들었어요. 준천사에서는 2~3년에 한 번씩 반드시 청계천의 흙을 쳐서 파내는 일을 했어요. 영조는 준천사에서 한 일들을 〈준천사실〉★이란 책자를 만들어 모두 기록하라고 했어요.

 청계천 변이 영조의 노력으로 좋아지자 더욱 많은 사람들이 한양으로 올라왔어요. 어떤 사람은 양반의 노예가 되었고 장사 기술이 좋은 사람은 장사로 큰 돈을 벌었어요. 그런 사람들은 장통방 근처에 집을 마련하고 가게를 해서 더 큰 부자가 되었지요.

 영조는 가끔 청계천 다리 위에 올라가 청계천을 살폈어요. 그런데 청계천 양쪽 가장자리에서 자꾸만 흙이 떨어져 내려오고 깨끗하지 못해 다시 한번 청계천 공사를 시작하기로 했어요. 공사 기간은 1773년 6월 10일부터 8월 6일까지로 정했어요. 영조는 그때 79세나 되었지만 공사가 시작되던 6월 10일 세손(뒤에 정조)과 함께 직접 수표교에 나왔어요.

 영조는 세손에게 말했지요.

 "이제 개천이 더욱 좋아지지 않겠느냐? 뜻이 있는 자는 반드시 그 일을 이루느니라."

　두 번째 청계천 공사는 흙을 쳐내는 일뿐 아니라 개천 양쪽에 돌을 쌓아 튼튼하고 깨끗하게 만드는 일이었어요. 그리고 틈이 생기는 곳에 나무를 심어 무너져 내리지 않도록 했어요. 영조는 관서 지방에 비축해 둔 쌀 만 석을 청계천 공사 비용으로 쓰기로 했어요.

　두 달 후 8월 6일 일이 모두 끝났을 때 영조는 세손과 함께 광통교에 나왔어요.

"정말 수고했소. 내 마음이 기쁘오."

영조는 일한 사람들을 칭찬했어요. 그리고 그 일을 이끌고 감독한 사람들에게 상을 내렸어요. 영조의 청계천에 대한 관심은 이처럼 남달랐지요.

영조는 왕으로 있을 때 특히 세 가지 일에 힘썼는데 그것은 '탕평', '균역', '준천'이었어요. 탕평은 인재를 고루 뽑아 당파 싸움을 없애려는 것이고, 균역은 백성의 세금을 줄여 주는 것으로 두 필씩 내던 군포를 한 필로 줄인 것이지요. 그리고 바로 청계천 준천을 위해 계속해서 애썼어요. 준천을 할 때 영조는 공사 현장에 자주 나가곤 했는데 언제나 세손과 함께 갔지요.

정조는 청계천 관리에 열정을 다하는 영조에게 물의 소중함을 배웠어요. 그리고 백성을 사랑하는 마음도 배웠지요.

제 15 장
거지들의 보금자리, 청계천 다리 밑

한 남자가 포도청으로 끌려왔어요. 그 사람은 도둑질을 하다 잡혔어요. 몸에는 끈이 둘둘 묶여 있었어요. 포졸들은 그 사람을 억지로 눕혔어요.

"으으으윽."

그 사람은 누운 채로 신음했어요. 그러더니 용서해 달라며 울기 시작했어요. 하지만 소용없었어요. 죄인의 머리맡에서 한 사람이 여러 개 묶은 바늘로 그의 이마를 찌르기 시작했어요. 죄인은 너무 아파 소리를 질렀어요. 그래도 바늘로 계속 이마를 찔렀어요. 다 찌른 후 피와 땀으로 젖은 죄인의 이마를 천으로 눌러 닦았어요. 죄인은 고통스런 한숨을 쉬었어요. 포졸들은 상처 난 자국에 먹물을 넣었어요. 이마에 검은 글씨가 나타났어요. 그 사람의 죄를 이마에 글로 써넣은 것이지요.

살을 바늘로 찌른 후 먹물로 새겨 넣는 것을 문신이라고 하지요. 조선 시대에는 이처럼 죄를 지어 잡히면 이마에 문신을 새겼어요. 문신은 영원히 지워지지 않아요. 이와 같은 형벌을 '자자형(刺字刑)' 이라고 했어요. 사람들은 자자형을 받은 사람을 '경을 친 놈' 이라며 욕하고 따돌렸어요.

문신이 모두 새겨지자 포도청에서는 죄인을 내보냈어요. 하지만 그 사람은 이제 아무것도 할 수 없었어요. 문신을 가리려고 고약을 붙이면 사람들이 달려들어 떼어 냈어요. 장사를 하려 해도 사람들은 사지 않았고

심지어 집안에서조차도 제사에 참석시키지 않았어요. 그리고 포졸들은 다시 죄를 저지를까 봐 항상 감시했어요.

  서울에는 그런 죄인들이 많았어요. 사람들의 차별을 이겨 내지 못한 죄인들은 청계천 다리 밑으로 모여들었어요. 주로 광교, 혜정교, 수표교, 복청교 아래였어요. 다리 밑은 비와 바람이 몰아치지 않는 그들만의 자유로운 보금자리였어요. 나라에서 청계천에 쌓인 흙을 거두어 오간수문 근처에 모아 두었는데 더러는 그곳에 움막을 치고 살기도 했어요.

다리 밑 거지들은 할 일이 참 많았어요. 잔치가 있거나 사람이 죽으면 많은 사람들이 찾아와 정신이 없지요. 그러면 주인은 다리 밑 거지들에게 문을 지켜 달라고 부탁했어요. 거지들은 신이 나서 문을 잘 지켰어요. 아무나 못 들어오게 했을 뿐만 아니라 혹 음식이나 그릇을 훔쳐 가는지도 감시했어요.

다리 밑 거지들 덕분에 잔칫집이나 초상집의 일이 무사히 끝나곤 했어요. 그러면 주인은 거지들에게 헌 옷과 돈을 주었어요. 그리고 맛있는 음식도 듬뿍 나누어 주었지요. 그래서 거지들은 구걸을 다닐 때 '어디 잔칫집이나 초상집이 없나?' 하며 이리 기웃 저리 기웃거렸어요.

점점 거지들은 할 일이 더 많아졌어요. 초상이 나면 사람들은 문을 지키는 일뿐만 아니라 상여를 메거나 죽은 사람의 혼을 부르는 일까지 거지들에게 돈을 주고 시켰어요. 상여 앞에서 악귀를 쫓기 위해 요령을 흔드는 방상수가 되면 돈을 듬뿍 받았어요. 궁중에서 초상이 나더라도 거지들이 몽땅 가서 일을 했지요.

그래서 포도청에서는 거지들에게 두목을 뽑으라고 지시했어요. 거지들을 모두 불러내야 할 때 일일이 다리 밑을 돌아다니기 힘들었기 때문이지요.

거지들은 자신들의 두목을 '꼭지'라고 불렀어요. 꼭지들은 까치, 부엉이, 갈매기, 독수리 등 자신의 별명을 지었지요. 광교 아래에는 '광교 꼭지 까치', 수표교 아래에는 '수표교 꼭지 갈매기'가 있었어요. 꼭지들은 모여서 총 두목을 뽑았는데 그 우두머리를 '꼭지딴'이라고 불렀어요. 꼭지딴은 청계천에서 거둔 흙으로 만들어진 조그만 산에서 살았어요. 그 산을 '조산'이라고 불렀는데 을지로6가에 있었지요. 거지들은 자신들의 꼭지를 극진히 모셨어요. 거지들은 구걸을 해 와서 꼭지에게 밥상을 차려 주었지요.

이제 포도청에서는 꼭지딴에게만 명령하면 금세 다리 밑 거지들에게 전해졌어요.

자자형을 받은 거지들은 그들이 모여 사는 청계천 다리 밑이 아주 소중한 보금자리였어요. 그저 이리저리 떠도는 거지들도 많았으니까요. 그런 거지들은 병이 들어 길에서 죽곤 했어요. 조선 시대에는 이런 시체를 버리는 곳이 따로 있었어요. 바로 광희문 밖이었어요. 그들의 시체를 광희문 밖으로 얼른 치우는 일도 다리 밑 거지들의 중요한 일이었어요.

영조는 자자형을 받은 거지들을 불쌍하게 여겼어요. 얼굴에 지워지지 않는 글씨를 새겨 넣는 것은 잔혹한 일이라고 생각했지요. 그래서 영조는 다시는 자자형을 내리지 말라고 명령했어요.

자자형 거지들은 오랫동안 청계천 다리 밑을 떠나지 않았어요. 새해가 되면 꼭지들은 새해 인사를 하러 부잣집을 찾아다녔지요. 문 앞에서 큰 소리로 이렇게 주인을 불렀어요.

"광교 꼭지 까치, 문안 여쭈오!"

그러면 주인어른은 떡국 상도 차려 주고 세뱃돈도 듬뿍 주었어요. 거지들은 배부르게 잘 먹고 다시 청계천 다리 밑으로 돌아와 한숨 늘어지게 자곤 했지요.

제 16 장
정조 대왕 능행 반차도

 고려 말 대학자였던 길재는 고려가 망하고 조선이 건국되자 벼슬을 거부하고 고향으로 돌아갔어요. 길재는 오로지 제자들을 가르치며 성리학을 연구했어요. 길재의 가르침을 받은 제자들은 힘을 키웠고 마침내 조선의 실제 정치 세력인 훈구파의 경쟁 세력인 사림파가 되었지요.
 훈구파는 사림파를 없애려고 학자들을 죽이거나 귀양을 보내는 등 네 번에 걸친 사화를 일으켰지만 그들을 없애지 못했어요. 그들은 쫓겨나도 지방으로 내려가 제자를 키우며 세력을 다져 나갔기 때문이지요.
 사림파는 마침내 선조 때부터 과거 시험에 합격하고 권력을 잡게 되었지요. 하지만 사림파는 얼마 안 가 동인과 서인으로 나뉘어졌어요. 서로 다른 의견 때문에 당파를 만들게 되었지요. 이것을 붕당이라고 해요. 붕당은 같은 고장에 산다든지, 같은 스승에게서 배웠다든지 하는 인연으로 갈라지게 되었지요. 대체로 서경덕의 제자들은 동인, 이이의 제자들은 서인, 이황의 제자들은 남인, 조식의 제자들은 북인이 되었어요. 뒤에 서인은 다시 노론과 소론으로 나뉘어 권력 다툼을 벌였어요.

영조는 이러한 붕당을 없애려고 탕평책을 썼어요. 탕평책이란 붕당을 가리지 않고 인재를 뽑으려는 정책으로 당파 싸움을 없애려는 노력이었지요. 하지만 각 당파들은 계속 권력을 독점하려고 여러 음모를 꾸몄어요.

1749년 55세가 된 영조는 건강이 좋지 않아 아들 사도세자에게 대신 정치를 맡겼어요. 남인과 소론 세력은 사도세자를 등에 업고 정권을 잡으려 했어요. 그러자 노론 세력이 사도세자를 몰아내기 위해 영조에게 이간질을 하기 시작했어요.

영조는 그들의 말을 듣고 사도세자를 자주 불러 심한 꾸지람을 내렸어요. 이런 일이 잦아지자 사도세자는 왕궁을 몰래 빠져나가거나 이상한 행동을 하기 시작했어요. 정신 이상 증세를 보인 것이에요. 심지어 화를 내며 궁녀를 죽이기도 했어요.

기회를 엿보던 노론은 세자가 잘못을 저지른 것들을 조목조목 적어 영조에게 바쳤어요. 그중에는 사도세자가 영조를 내몰고 왕이 되려 한다는 터무니없는 음모까지 섞여 있었어요. 분노를 이겨 내지 못한 영조는 사도세자를 불러들였어요.

"네 죄를 알렸다! 내가 보는 앞에서 당장 자결하라."

영조는 이렇게 호통을 쳤어요. 사도세자가 그 자리를 피하려 하자 영조는 다시 명령을 내렸어요.

"뒤주를 가져오라!"

뒤주는 쌀을 담아 보관하는 나무로 만든 크고 네모난 궤짝이지요.

"뒤주에 세자를 가두어라!"

세자가 발버둥 쳤지만 소용없었어요. 세자는 뒤주 안에 강제로 갇혔어요.

"못을 박고 뚜껑 위에 큰 돌을 얹어라!"

사도세자의 아들 산이 영조 앞에서 울부짖으며 살려 달라고 애원했지만 영조는 뒤돌아보지도 않았어요. 뒤주 속에서 굶주림과 갈증을 느끼며 사도세자는 아들 산을 불렀어요.

"물…… 물을 다오……."

물을 찾는 아버지의 신음 소리 때문에 산은 물 한 모금도 마실 수 없었어요. 뒤주 위로 뜨거운 해가 쏟아졌어요. 사도세자의 꺼져 가는 신음 소리 곁에서 산은 흐느꼈어요.

'우르르 쾅!'

갑자기 하늘이 어두워지더니 비가 쏟아졌어요. 굵은 빗줄기는 뒤주 위로도 사정없이 쏟아졌어요. 뒤주를 끌어안고 산은 어머니 혜경궁 홍씨와 울부짖었어요.

결국 8일 만에 사도세자는 목숨을 거두고 말았어요. 그때 사도세자의 나이는 겨우 28세였어요. 영조는 당파 싸움을 없애려 했지만 오히려 거기에 휘말려 아들을 죽인 셈이지요. 사도세자는 경기도 양주 배봉산 아래 묻혔어요.

산도 늘 죽음의 위험 아래 있었어요. 하지만 산은 영조를 이어 왕이 되었어요. 바로 정조 임금이지요. 산은 왕위에 오른 뒤 어떻게든 당파 싸움을 없애려고 애를 썼지요.

정조는 결코 아버지의 죽음을 잊을 수 없었어요. 그래서 아버지의 죽음에 연루된 사람들을 모두 처형했어요.

정조는 정약용을 시켜 수원에 화성을 아름답게 짓게 하고 사도세자의 무덤을 그곳으로 옮겼어요. 그곳이 현륭원이지요. 정조는 사도세자를 참배하러 현륭원에 자주 찾아갔어요. 그때는 어머니 혜경궁 홍씨도 함께 갔어요. 그리고 화성 별궁에서 며칠 머무르다 돌아왔지요.

현륭원에 가려면 한강을 건너야 했지요. 그때 정조는 배다리로 한강을 건넜어요. 배다리란 수백 척의 배를 연결하여 다리를 만드는 것이지요.

정조 전에도 배다리가 있었어요. 세조는 온양 온천으로 휴양을 갈 때 배다리를 설치하게 했고, 숙종은 영릉으로 참배하러 갈 때 배다리를 이용했어요. 배다리를 설치하려면 보통 20여 일이 걸렸지요. 한강 남쪽에는 태종, 세종, 성종, 중종 등의 능이 있어 자주 배다리가 설치되었어요. 효종의 장례를 치를 때는 3천 척이나 되는 배가 동원되기도 했어요.

정조는 지금의 청계천4가 북쪽 동네에 주교사를 설치했어요. 한강에 배다리를 놓는 일을 맡아 하는 기구지요. 주교사에서는 배다리 놓는 방법을 연구해서 그것을 기록한 〈주교사절목〉을 만들었지요. 〈주교사절목〉에 보면 가장 큰 배를 한강의 중앙에 띄우고 차차 작은 배를 연결해서 가운데는 높고 양쪽 끝이 낮아지는 무지개 모양의 배다리를 만드는 법이 나와 있어요. 또 배를 이을 때 꽉 물리게 하여 흔들리지 않게 하는 법도 있지요. 배 위에 길을 만들었는데 임금이 지나가다 배가 흔들려 넘어지면 큰일이니

까요.

　배다리를 설치하는 장소로는 물살이 약한 노량진이 가장 좋다고 했어요. 하지만 헌릉, 영릉으로 가려면 광진이 가까우니 그곳에도 설치해야 한다고 했지요. 임금이 선릉, 정릉, 현륭원, 온양으로 갈 때는 되도록 노량진에 설치된 배다리를 이용하게 했어요.

　정조가 아버지 사도세자가 묻힌 곳으로 능행(임금이 능으로 행차하는 것)을 할 때는 노량진에 배다리가 설치되었어요. 그런데 뱃사람들은 배다리를 몹시 싫어했어요. 대부분의 배들이 배다리가 되어야 했기 때문이지요. 혹 그렇지 않다 해도 배다리가 설치되어 있는 동안은 한강에서 물건을 싣고 다닐 수 없었어요. 그래서 뱃사람들은 수색 근처에 와서 언제 임금이 한강을 건너려 하는지 알아보았어요. 미리 알게 되면 얼른 바다로 나가거나 대동강이나 임진강 쪽으로 피했지요. 정조는 그 사실을 알고부터는 절대 배를 강제로 끌어내지 말라고 했어요.

만일 한강에 배다리를 항상 설치해 둔다면 물자를 쉽게 옮길 수 있고 사람들도 강을 편리하게 건널 수 있었겠지요. 하지만 그렇게 하지 않는 이유가 있었어요. 적군이나 반란군이 쉽게 서울로 쳐들어올 수 있기 때문이에요.

정조가 만든 주교사는 1882년까지 계속 있었지만 항상 배다리를 만들지는 않았어요. 최초로 한강에 인도교가 준공된 것은 1917년이 되어서였지요.

정조는 창덕궁을 떠나 수표교를 건너 용산에 도착했어요. 그곳에서 노량진에 걸쳐 있는 배다리를 건넜어요. 노량진에 도착하면 몹시 피곤했지요. 그래서 노량진 본동 중턱에 정자를 마련해서 쉬었어요. 이 정자는 지금까지 남아 있는 용봉정이지요. 용봉정은 크고 화려했어요. 내려다보면 언덕의 푸른 나무 아래로 반짝이는 한강이 흘러가고 멀리 남산과 북악 사이에 펼쳐진 서울의 모습이 한눈에 들어왔지요. 용봉정에서 휴식을 취한 왕은 다시 수원을 향해 떠났어요.

정조는 사당동 사거리를 지나 남태령을 넘었어요. 남태령을 넘으면 과천 행궁이 있는 온온사가 있었는데 정조는 이곳에서 또 잠시 쉬었어요. 임금은 하루에 백 리 이상 갈 수 없었기 때문이지요. 정조는 다시 과천 찬우물 거리를 지나갔어요. 그때 이곳에서 물맛을 보고는 '차고 맛있다.'라고 하여 이 우물에 '냉정'이라는 이름도 붙여 주었지요.

정조는 다시 인덕원을 거쳐 지지대 고개를 넘어 수원으로 들어갔어요. 그런데 찬우물 거리 오른쪽에 김약로의 무덤이 있었어요. 김약로는 사도 세자를 죽음으로 몰아가는 데 앞장섰던 사람이지요. 효심이 지극한 정조는 어머니가 김약로의 무덤을 보고 마음이 상할까 봐 새로운 길을 알아보았어요. 신하들은 과천을 지나지 않고 시흥으로 가서 안양을 거쳐 수원으로 가는 길을 만들었어요. 그 길이 오늘날 국도 제1호선의 일부인 시흥대로예요.

이러한 정조의 행차 모습을 그린 것이 '정조 대왕 능행 반차도'예요. 이것은 정조가 어머니 혜경궁 홍씨와 함께 화성에 다녀와서 만든 것으로 8일간의 행차 보고서이지요. 1,700여 명의 인물과 800여 필의 말이 행진하는 모습을 그린 것인데 김홍도의 지휘 아래 당시 쟁쟁한 화가였던 김득신, 이인문, 장한종, 이명규 등이 참여해서 함께 그렸어요. 정조는 1795년 2월 9일부터 8일간 회갑 잔치를 벌였고 문과와 무과, 과거와 양로연 등 여러 행사를 펼쳤지요. 정조 대왕 능행 반차도는 63쪽이나 되며 예술성이 뛰어난 자랑스런 문화유산이지요.

  이 병풍은 처음부터 여러 벌 그려서 호암미술관, 국립중앙박물관, 창경궁에 보관되어 있어요. 정조 대왕 능행 반차도는 누구나 가까이 볼 수 있도록 청계천 광교와 장통교 사이의 벽에 그려 놓았답니다.

정조 대왕 능행 반차도 도자 벽화
조선 제22대 정조 임금이 1795년 사도세자의 회갑을 기념하기 위해 어머니 혜경궁 홍씨와 함께 수원 화성과 사도세자의 무덤인 현륭원을 다녀오는 모습을 그린 것이다. 왕의 행차가 창덕궁을 떠나 광통교를 건너 화성으로 가는 모습이 그려져 있는데 김홍도 등 당대 일류 화가들이 그린 것으로 왕조의 위엄과 질서를 장엄하게 표현했다. 왕실 기록화이자 한 폭의 커다란 풍속화를 연상시키는 이 반차도는 당시 행차 격식과 복식, 의상, 악대 구성 등을 알 수 있는 귀중한 역사적 가치를 지니고 있다.

제 17 장

모전 앞에 세워진 모전교

청계천 주변에는 상점들이 즐비하게 있었어요. 그 상점을 시전이라고 불렀어요. 옷을 파는 곳은 의전, 쌀을 파는 곳은 싸전, 비단을

파는 곳은 입전, 과일을 파는 곳은 모전이라고 했어요. 대부분 상인들은 대대로 상점을 물려받아 장사를 했어요. 상점마다 작은 방이 하나씩 딸려 있었는데 주인은 그곳에 앉아 손님을 맞곤 했지요.

　상점 앞에서는 여리꾼들이 손님을 찾았어요. 여리꾼들은 시전의 물건 값을 잘 알고 있었지요.

　한 사람이 딸 결혼에 쓸 비단을 사려고 시전에 와서 두리번거리고 있었어요. 여리꾼은 얼른 그 사람에게 다가가 친절하게 물었어요.

"무엇을 사러 왔소?"

"딸 결혼에 쓸 비단을 사려는데 싸고 좋은 곳이 있나요?"

　그 사람은 여전히 두리번거리며 말했어요.

"내가 잘 아는 비단 가게가 있으니 따라오시오."

여리꾼은 그 사람을 데리고 비단 가게에 들어갔어요.

"자, 여기요."

여리꾼은 그곳에서 고운 비단을 고르게 했어요.

"이건 얼마요?"

대답하는 건 여리꾼이었지요.

"30냥이오."

사실 그 비단은 25냥이었어요.

"너무 비싸요. 깎아 주시오."

손님은 사정을 했어요. 그렇게 해서 가격은 자꾸 내려가 26냥이 되었어요. 그 사람은 돈을 내고 비단을 사 갔어요. 그러면 주인은 여리꾼에게 한 냥을 주었지요.

그 여리꾼은 과일을 사러 온 사람은 모전으로 데려가고, 쌀을 사러 온 사람은 싸전으로 데려갔어요. 그러니 여리꾼은 상점 중 싸고 좋은 곳을 잘 알아 두어야 했지요.

그런데 조선 시대에는 아무나 장사를 할 수 있는 게 아니었어요. 만일 쌀을 팔아 과일을 사고 싶은 사람이 있다면 쌀을 싸전에 넘겨야 했어요. 그 사람은 쌀값으로 돈을 받아 다시 모전으로 가서 과일을 사야 했어요. 길거리를 돌아다니며 빗이나 생선 등을 파는 사람들도 일단은 시전에서

사 온 물건으로 장사를 할 수 있었어요. 그러니 시전 상인들은 막강한 힘을 자랑했지요.

조선 시대 상인은 중간 계층에 속했어요. 하지만 장사를 해서 돈을 많이 벌었기 때문에 양반이 부럽지 않았어요. 18세기 유명한 실학자★ 박지원(1737~1805년)의 소설 중 〈허생전〉★을 보면 장사꾼이 얼마나 실속 있는 좋은 직업인지 알 수 있지요.

허생은 남산 아래 묵적골에 살았어요. 조선 시대에 남산골에는 벼슬을 못한 불우한 양반이나 과거에 떨어진 선비들이 살았지요. 그들은 비록 가난한 살림을 하고 있었지만 정신만은 고고한 사람들이었어요. 만일 어느 고을의 사또가 부정을 저지르면 상소를 올려 반드시 그를 쫓아냈지요. 허생도 바로 그런 사람이었어요.

허생의 집은 초가였지요. 집 앞에는 우물이 있고 그 곁에는 늙은 살구나무가 한 그루 서 있었어요. 두어 칸밖에 되지 않는 허생의 집은 비바람도 가리기 힘겨운 모양으로 서 있었지요. 그런데도 허생은 책만 좋아해서 매일 하는 일이란 책 읽기뿐이었어요.

허생의 아내는 바느질을 해서 겨우 살아가는 것이 지긋지긋했어요. 그래서 허생에게 바가지를 긁었어요.

실학(實學)
조선 후기, 정약용, 박지원, 홍대용, 박제가, 김정희, 최한기 등을 중심으로 나타났던 새로운 사상으로 실학의 정신은 다음과 같다.
1) 경세치용(經世致用) : 학문은 세상을 다스리는 데에 실질적인 이익을 줄 수 있는 것이어야 한다.
2) 이용후생(利用厚生) : 백성이 사용하는 기구는 편리하게 만들어야 하고 생활은 윤택해야 한다.
3) 실사구시(實事求是) : 사실에 바탕을 두는 과학적, 객관적 학문 태도를 가져야 한다.

박지원의 소설 허생전

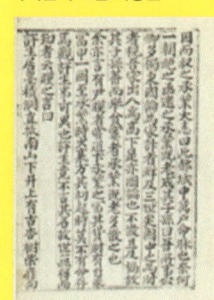

"지금까지 책 읽어 무엇이 나왔어요? 나가서 노동을 하든지 장사를 하든지 해요. 안 되면 도둑질이라도 하라고요!"

허생은 아내의 성화로 그 재미있는 책을 더 이상 읽을 수 없었어요. 10년을 작정한 책 읽기를 7년밖에 못 채웠지만 포기하기로 했지요.

허생은 종로로 나갔어요. 청계천 변에는 상점들이 죽 늘어서 있고 물건을 사고파는 사람들로 북적거리고 있었어요.

허생은 좋은 생각이 떠올랐어요. 장사를 해서 돈을 벌려는 것이었지요. 그래서 길 가는 사람을 붙들고 물었어요.

"한양에서 제일가는 부자가 누구요?"

"그것도 모르오? 변 씨를 모른단 말이오?"

소설 속 변 씨는 장통방의 일본어 역관 변승업을 모델로 한 것이지요. 변승업은 역관을 하며 해외 무역을 해서 어마어마한 돈을 번 사람이에요.

허생은 변 씨를 찾아가 '살기가 어려워 장사를 해 보려는데 만 냥만 꾸어 주시오.'라고 당당하게 말했어요. 그 당시 만 냥은 굉장한 돈이었어요. 동전인 상평통보 한 개는 한 푼이지요. 10푼이 1전, 10전이 1냥, 10냥이 1관이었어요. 변 씨는 비록 초라하지만 눈빛이 반짝이는 허생을 믿고 아무 조건 없이 만 냥을 선뜻 내주었어요.

한양의 모전에서 팔리는 과일은 안성장을 통해 올라오는 것이었지요. 그래서 허생은 만 냥을 들고 안성으로 가서 그곳 과일을 몽땅 사들였어요.

대추, 감, 밤, 배, 석류, 귤, 유자, 사과 등등 과일이란 과일은 닥치는 대로 사서 창고에 넣어 두었어요. 그러자 결국 전국에 과일이 뚝 끊겼어요. 양반들은 잣죽을 끓여 먹지 못했어요. 대궐에서도 밤, 대추, 곶감이 없어 약식을 만들지 못했어요. 집집마다 과일 없이 제사를 지내야 했어요. 이제 과일은 부르는 게 값이었어요.

그제야 허생은 과일을 팔기 시작했지요. 만 냥은 금세 10만 냥이 되었어요. 허생은 10만 냥으로 말총을 몽땅 샀다가 되팔아 100만 냥을 벌었지요.

그 돈으로 빈 섬을 사서 도둑들에게 주었어요. 허생 덕분에 도둑들은 이제 더 이상 도둑질을 할 필요가 없었지요. 허생은 남은 돈을 가난한 사람들에게 나누어 주고 변 씨에게 만 냥을 갚았어요.

박지원은 〈허생전〉을 통해 실속 없이 뽐내는 양반을 욕하고 장사가 얼마나 좋은 것인지 말하려 했지요.

청계천 시전은 더욱더 번창하였고 오늘날까지 발전되었지요. 모전은 청계천 시전 중 가장 모퉁이에 있어서 모퉁이전이라고도 했어요.

모전 앞에는 모전교가 있었어요. 이곳은 청계천이 시작되는 곳이기도 하지요. 오늘날 서린동 근처인데 과일 가게는 이제 없지요. 하지만 청계천 위에 모전교는 다시 세워졌어요. 모전교에 가면 향긋한 과일 냄새가 나는 것 같아요.

제 18 장
마전 앞에 세워진 마전교

오늘날 널찍한 종로 거리는 차들로 복잡하지요. 조선 시대에도 궁궐과 육조 거리, 한성부가 있는 종로 거리는 크고 번듯했어요. 그때는 가끔 가마도 지나다녔지만 대부분 말이 종로 거리를 누비고 다녔어요. 하지만 모든 사람이 편안하게 다닐 수 있는 길이 아니었어요.

지체가 낮은 한 관원이 말을 타고 일을 보려고 급히 가고 있었어요. 그런데 저만치에 네 사람이 들고 가는 가마가 오고 있었어요. 그들은 말을 탄 관원을 보자 '물렀거라!' 하며 엄격하게 말했지요. 그리고 다시 '섰거라!' 했지요. 관원은 얼른 말에서 내려 땅에 엎드렸어요. 관원은 몹시 바쁜데도 어쩔 수 없었어요. 가마가 다 지나가야 슬그머니 일어나 말을 타고 다시 일을 보러 갈 수 있었어요.

이렇듯 조선 사회는 신분 차별이 심했는데 그 당시에는 이것을 당연한 예절로 여겼어요.

관원은 다시 말에 올라 바삐 갔어요. 그런데 또 저만치서 지체 높은 양반이 말을 타고 오고 있었어요. 그들은 또 '물렀거라!', '섰거라!' 하면서 왔지요. 관원은 말에서 내려 또 땅에 엎드려야 했어요.

관원은 이제 종로 큰 거리 대신 골목길로 다니기로 했어요. 골목길에는 자기와 비슷한 처지의 서민들이 말을 타거나 걸어 다니느라 북적거리고 있었지요. 그래도 멈추게 하는 자들이 없어 오히려 더 좋았어요. 골목 양 옆으로는 술집, 밥집들도 즐비했지요. 그들은 이곳을 피맛골이라고 했어요. 양반을 피해 서민이 다니는 골목이란 뜻이지요.

이렇듯 신분 차별이 엄격해도 누구든 돈만 있으면 말을 사서 타고 다녔어요. 오늘날 돈만 있다면 내 자동차를 가질 수 있는 것과 똑같았지요. 여행하는 사람들을 위해 술집이나 여관에서는 손님의 말을 보살펴 주는 말꾼이 따로 있을 정도였어요.

가마는 보통 두 사람이 들었지만 네 사람이 드는 가마도 있었는데 그 가마는 사인교라고 불렀지요. 벼슬아치들은 사인교 타는 것을 좋아했어요. 그보다 더 높은 권문세가들은 여섯 사람이 드는 가마인 육인교를 타기도 했어요. 그들은 가마에 온갖 장식품을 매달고 사치를 부렸어요. 마치 오늘날 고급 승용차를 자랑으로 삼는 사람들과 같았지요.

가마가 조금 더 발달한 것이 지붕을 덮고 바퀴도 있는 초헌이라는 것이었어요.

조선 시대 실학자인 박제가(1750~1805년)는 수레는 한 사람이 여러 사람을 태우려 한 것인데 높은 양반들의 수레는 여러 사람이 한 사람을 태우고 가니 경제적이지 못하다고 꼬집어 말했지요. 어쨌든 이 초헌은 오늘날로 치면 장관이나 서울 시장 같은 정2품 문관만이 탈 수 있는 것이니 어쩌다 볼 수 있는 것이었어요.

그런데 박영효*가 일본에서 마차를 사들였어요. 후에는 이 마차가 사람도 여러 명 타고 물건도 수월하게 이동시킬 수 있도록 발전했지요.

> 박영효(朴泳孝 1861~1939)
> 한말의 정치가. 유대치를 중심으로 김옥균·홍영식·서광범 등 개화당 요인들과 결속, 정치적 혁신을 주창했다. 일본 세력을 이용하여 청나라의 간섭과 러시아의 침투를 억제하는 데 주력했으며 1884년 갑신정변을 주도했다.

1899년 마침내 일본에 의해 동대문에서 서대문까지 전차가 놓였어요. 하지만 일본이 이런 시설을 설치한 목적은 우리나라를 침략하려는 수단일 뿐이었어요. 조선 사람들이 달가워하지 않은 건 당연한 일이었지요. 일본은 전차 놓는 일을 조금이라도 방해하면 엄격한 벌을 내렸어요. 심지어 어린아이가 선로에 막대기를 놓았다고 죽이기까지 했어요. 전차는 때로는 사람들을 치어 죽이기도 했어요. 조선 사람들에게 전차는 무서운 괴물 같았지요. 여전히 조선 사람들에게는 말이 가장 일반적인 교통수단이었어요.

1945년 해방이 되고 서울에 인구가 많아지자 승합마차가 등장했어요.

오늘날의 버스와 같은 것이지요. 종로 네거리에서 동대문이나 돈암동까지, 혹은 명동 입구에서 서대문이나 동대문까지 말이 여러 사람을 태우고 다녔어요. 정류장에서는 사람들이 내리고 또 탔지요. 승합마차가 많아지자 말똥이 거리에 너무 많이 떨어져 냄새가 났어요. 그래서 승합마차의 주인은 말 엉덩이에 주머니를 달아 말똥을 처리했지요.

인력거*라는 것도 있었어요. 사람이 끄는 수레이지요. 이것은 오늘날의 택시 같은 것으로 탄 사람을 목적지까지 돈을 받고 데려다 주는 것이었어요.

인력거

조선 시대에 말을 기르는 일은 일종의 국가사업이었어요. 그래서 튼튼한 말을 키워 내려고 애썼지요. 조선은 건국 초부터 압록강이나 두만강 가까운 섬 중 말을 키우기 좋은 곳을 찾아 방목지로 삼았어요. 물이 많아 풀도 잘 자랐고, 날씨도 서늘해서 그곳에서 자란 말들은 건강했어요. 말을 기르는 사람을 감목관이라고 불렀어요. 압록강, 두만강 근처의 방목지는 3백여 개나 되었지요.

제주도도 말을 길러 내는 곳이었어요. 제주도에서 기르는 말은 몽골의 말이었어요. 몽골 말은 튼튼하고 힘이 셌기 때문에 무거운 짐도 거뜬히 지고 달렸어요. 고려 시대에 우리나라에는 몽골 사람들이 많이 와서 살았어요. 그 후손들을 제주도로 보내 몽골 말을 키우도록 했지요.

우리나라 말은 조랑말이에요. 키가 작고 마른 편이지만 아주 튼튼했어요. 짚을 몇 주먹만 먹고도 하루에 48킬로미터 정도를 거뜬히 걸었어요. 조선 시대 우리나라 길은 험하고 꼬불꼬불했어요. 하지만 조랑말은 그런 길을 잘 빠져나갔어요. 조랑말은 오직 주인의 말만을 들었지요. 그래서 처음에는 친해지기가 힘들었어요. 툭 하면 거칠게 굴면서 발로 차기 일쑤였지요.

조선 시대에는 여성들도 말을 많이 탔어요. 심지어 시집갈 때 가마 대신 말을 타는 경우도 있었지요. 신분이 높은 부인이나 신분이 낮은 기생들도 모두 말을 즐겨 탔어요. 조선 말, 영국 왕실의 지리학자였던 비숍 여사도 우리나라를 여행할 때 말을 타고 다녔지요.

말과 당나귀를 결혼시켜 얻은 것이 노새인데 체구는 작아도 영리할 뿐만 아니라 빠르고 힘이 세서 많이 이용했어요.

말이나 노새, 소를 파는 시장을 마전이라고 했어요. 마전은 날씨가 좋은 한낮에 섰는데 무척 붐볐어요. 방목지에서 데려온 말을 팔거나 사려는 사람, 그동안 자신이 키우던 말을 팔고 다른 말을 사려는 사람, 송아지를 팔아 자식 학비를 구하려는 사람들로 시끌벅적했지요.

청계천에 마전이 있었어요. 처음엔 수표교 근처였어요. 그래서 수표교의 원래 이름은 마전교였지요. 그런데 세종이 그곳에 물 높이를 측정하기 위해 수표석을 세웠지요. 그리고 수표교로 이름을 바꿨어요. 그리고 영조는 수표교 돌기둥에 금을 긋고 '경진지평'이란 글을 새겨 개천을 팔 때 표준으로 삼도록 했어요.

마전은 영조 때 청계천 하류로 옮겨졌어요. 도시가 발달하면서 냄새가 나는 마전이 조금 멀리 밀

마전교 현재 모습
옛날 이 다리 부근에 소와 말을 사고파는 마전이 있었다.

려난 셈이지요. 마전 앞에 세워진 새로운 다리가 마전교가 되었지요. 마전교는 태평교라는 이름으로도 불렸어요. 또 한낮에 시장이 선다고 오교라고 부르기도 했지요. 〈준천사실〉에는 이 다리가 창덕궁에서 시작되는 물길과 남산에서 내려오는 물길이 만나는 오른쪽에 있었다고 써 있어요.

 그곳은 오늘날 청계5가 사거리로부터 조금 동쪽에 있는 방산시장 부근이에요. 조선 시대의 마전교는 흔적도 없이 사라졌지만 우리는 청계천에 다시 마전교를 놓았어요. 역사가 숨쉬는 옛 다리를 기억하고 싶기 때문이지요.

제 19 장
실학자 다산 정약용을 기리는 다산교

 1762년 6월 경기도 광주군 마재리 영유당이라는 집에서 한 사내아이가 태어났어요. 이 아이가 바로 조선 후기 위대한 실학자 정약용이지요. 정약용의 집안은 대대로 벼슬길에 오른 선비 집안이었어요. 아버지 정재원은 과거에 합격하여 여러 고을을 다스렸고, 어머니는 '어부사시사' 등 뛰어난 문학 작품을 남긴 윤선도의 5대손이었어요.

 1776년 정약용이 15세 되던 해 정조가 왕이 되었어요. 정조는 학문을 좋아했고, 바른 정치를 하고자 새로운 인재를 찾았어요. 그래서 정재원은 정6품 호조 좌랑에 임명되었지요.

 정약용 가족은 모두가 한성으로 이사하게 되었어요. 정약용 가족은 청계천 부근의 명례방(지금의 명동)에 집을 마련했어요. 명례방에 온 뒤 정약

> **이승훈**(李承薰 1756~1801)
> 조선 후기의 실학자이며 한국 천주교회의 창설자 중 한 명으로 신유박해 때 처형당했다.

용은 한성의 훌륭한 학자들을 만나게 되어 학문의 세계가 더욱 넓어졌어요. 정약용은 명례방에 오면서 매형이었던 이승훈*과 아주 가까운 사이가 되었어요.

이승훈은 학문에 전심전력하는 학자였는데, 정약용은 이승훈을 통해 이가환을 만났지요. 이가환은 이승훈과 정약용에게 많은 영향을 끼친 학자였어요. 그런데 이가환의 학문은 그동안 정약용이 공부했던 성리학과 다른 것이었어요. 이가환의 학문은 인간 생활을 편리하게 해 주는 실용적인 학문이었어요. 그것을 실학이라고 하지요. 정약용은 이승훈과 이가환을 통해 자신이 지금까지 공부한 성리학의 한계를 깨닫게 되었고 모든 사람이 편리하고 평등하게 살아갈 수 있는 실학에 깊은 관심을 갖게 되었어요.

실학이라는 새로운 학문을 만난 정약용은 다짐했어요.

'학문이란 모든 백성에게 실제로 도움이 되어야 한다. 내가 앞으로 공부할 학문은 실학이다. 이것이 내 길이다.'

청계천 근처의 명례방에서 정약용은 앞날의 분명한 목표를 세우게 되었지요. 정약용은 열심히 성균관에 나가 공부했어요. 정조는 왕들이 쓴 글과 그림 등을 보관하고 책도 펴내기 위해 규장각을 세웠는데 정약용의 글 재주가 놀라워 그에게 책을 내려 주기도 했어요.

정약용은 28세에 대과에 합격하고 한강을 손쉽게 건널 수 있는 배다리를 설계하게 되었지요. 정조는 이런 정약용을 매우 아껴 자주 궁궐로 부르곤 했어요.

정약용은 이승훈, 이가환과 친구 이벽을 통해 실학뿐만 아니라 서양 종교인 천주교를 새롭게 믿게 되었어요. 천주교는 그리스도의 사랑과 평등을 전하는 종교였어요. 정약용은 천주교에 깊은 감동을 받게 되면서 조선 사회의 신분 차별이 얼마나 악한 것인가를 깨달았어요. 정약용은 양반이었으나 양반제가 옳지 않다고 생각했고 모든 사람이 하나님 앞에서 평등하게 살아갈 수 있도록 평생 동안 노력할 것을 다짐했어요. 정약용의 둘째 형인 정약전과 셋째 형 정약종도 함께 천주교인이 되었어요.

이승훈은 1784년 베이징에서 우리나라 최초로 루이 드 그라몽 신부에게 세례를 받은 인물이에요. 이승훈은 돌아올 때 성경과 십자가상을 가지고 와서 통역관이었던 명례방의 김범우 집을 교회로 삼고 예배를 드리기 시작했어요.

처음에 천주교는 조상 앞에 제사도 지내지 않고 절도 하지 않는 등 우리나라의 전통 질서에 크게 어긋나 모두 옳지 않은 종교로 생각했어요. 하지만 점차 많은 평민들이 천주교인이 되어 신앙심을 갖게 되었어요. 정약용과 그 형제들도 그들과 함께 진심으로 예배를 드렸어요.

정약용은 31세 되던 해 홍문관 수찬이라는 벼슬에 올랐어요. 그때 정조는 아버지 사도세자의 죽음을 잊지 못해 경기도 양주에 있는 아버지의 무덤을 수원으로 옮기고 무덤이 보이는 곳에 별궁을 지어 머무를 계획을 세웠어요. 정조는 정약용에게 이 일을 부탁했어요.

정약용은 정조의 마음을 잘 아는 터라 하루라도 빨리 성을 지어야겠다고 결심했어요. 그래서 중국에서 가져온 백과사전인 〈고금도서집성〉을 보며 연구하기 시작했어요.

이때 정약용이 만들어 낸 것은 거중기였어요. 80명이 들어야만 겨우 들 수 있는 바위를 거뜬히 들어 올릴 수 있는 기계였어요. 도르륵 도르륵 바퀴가 구르면서 바위가 들어 올려지는 것은 신기했어요. 그래서 10년이 걸려도 못 쌓을 성을 2년 6개월 만에 완성했어요.

높이 7미터의 성에 4개의 큰 문을 세우고 군사를 지휘하는 서장대와 동장대, 초소로 사용되는 공심돈, 신호를 알리는 장소인 봉돈, 대포를 설치한 포루 등 여러 가지 군사 시설도 만들어졌어요. 성 안에는 궁과 정자, 아름다운 연못도 있었지요. 성은 돌과 벽돌을 알맞게 섞어 지어 튼튼했어요. 화성은 조선 후기의 '건축의 꽃'이라 불리게 되었어요. 그리고 1997년 유네스코 세계문화유산으로 등록되었어요.

정약용에 대한 정조의 사랑은 지극했어요. 정조는 전국의 관리들이 백성을 위해 열심히 일하고 있는지 알고 싶어 정약용을 암행어사로 보내기로 했어요. 정약용은 성품이 바르고 정직하여 믿을 수 있었기 때문이지요. 정약용은 전국을 다니며 백성들의 비참함을 직접 보게 되었어요. 정약용은 너무 가슴 아픈 나머지 시를 지었어요.

> 놋수저는 벼슬아치가 가져가고
> 무쇠솥은 양반이 빼앗아 갔네
> 아 이런 집이 천지인데
> 궁궐은 너무 멀어 알지도 못하네

정조는 백성들의 생활을 듣고 가슴 아파했어요. 그리고 정약용이 밝혀낸 서용보 등 나쁜 관리들에게 큰 벌을 내렸어요.

이렇듯 정약용을 사랑하고 어진 정치를 베풀려고 애를 썼던 정조가 세상을 떠났어요. 정약용은 크게 슬퍼하며 벼슬을 포기하고 고향 마재리로 다시 내려갔어요.

그 뒤를 이은 순조는 나이가 너무 어려 나랏일을 돌볼 수가 없었어요. 그래서 순조의 증조할머니인 정순 왕후가 대신 나랏일을 맡아보게 되었지요. 그런데 정순 왕후는 천주교도를 몹시 싫어했어요.

"천주교도는 제 어미와 아비도 모르는 사악한 것들이다! 천주교인은 나라를 망하게 하는 것들이니 모두 잡아들여 처형하라."

이러한 정순 왕후의 명령에 따라, 하나님을 믿지 않겠다고 하면 살려 주고 끝까지 천주교를 버리지 않는 사람은 무조건 죽였어요. 이것을 신유박해라고 해요.

"주문모를 잡아들여라!"

조정에는 이렇게 명령했어요.

주문모는 청나라의 신부로 1794년 이승훈의 요청으로 천주교를 전하려고 몰래 조선에 들어왔어요. 주문모 신부는 신유박해로 계속 쫓기는 신세가 되었어요. 다행히 천주교 신자들의 도움을 받아 좀처럼 잡히지 않았지요. 하지만 이승훈과 이가환, 이벽이 모두 처형당했고 정약용의 형 정약종도 죽임을 당했어요. 한 해에 300명 이상의 천주교 신자들이 죽어 갔어요.

정약용과 형 정약전도 붙잡혀 가서 온갖 고문을 당했지만 용케 살아났어요. 그동안 숨어 지내던 주문모 신부도 신자들이 더 이상 피해를 보지 않도록 자수하여 사형을 받았어요.

조정에서는 정약용을 전남 강진으로, 정약전을 전남 흑산도로 귀양을 보냈어요. 정약용은 마음을 가다듬고 귀양살이를 하며 학문 연구와 글 쓰는 일에 전념할 것을 결심했어요.

정약용은 1808년 강진 사람 윤박의 도움으로 경치가 뛰어난 다산으로 이사할 수 있었어요. 그곳은 유난히 차나무가 많아 다산이라고 불렸지요. 정약용은 그때부터 자신의 호를 '다산'이라고 붙였어요. 그리고 열심히 글을 쓰기 시작했어요.

정약용은 귀양살이를 하며 관리가 지킬 도리를 밝힌 〈목민심서〉 48권, 올바른 정치에 관한 내용이 담겨 있는 〈경세유표〉 48권을 완성했어요.

정약전도 흑산도에서 청소년을 가르치며, 흑산도 근처 155종의 바다 생물을 조사하여 〈자산어보〉라는 책을 썼어요. 하지만 15년 뒤 결국 흑산도에서 세상을 떠났어요.

유배에서 풀려난 정약용은 고향 마재리로 돌아갔어요. 고향으로 돌아가서도 정약용은 글 쓰는 것을 멈추지 않았어요. 고향에 돌아온 이듬해에는 관리들이 주의해야 할 내용이 담긴 〈흠흠신서〉 30권을 완성했지요. 뿐만 아니라 세계정세와 서구 과학에 관한 책을 구해 연구하고 책으로 남겼어요.

정약용은 평생 동안 철학, 역사, 지리, 법률, 정치, 문학, 군사 등에 관한 500여 권이나 되는 책을 남겼어요. 이로써 정약용은 조선 후기의 실학 사상을 완성시켰지요.

1836년 2월 22일 위대한 실학자 다산 정약용은 마재리의 고향 집에서 조용히 눈을 감았어요. 그는 죽기 전에 묏자리를 찾아다니지 말고 집 뒤뜰에 묻어 달라고 부탁했어요. 정약용은 이처럼 진실하고 아름다운 삶을 살았어요.

정약용이 처음 실학을 만난 청계천 명례방 부근의 길을 우리는 '다산로'라고 부르지요. 그 길 가까운 곳 청계천에 다리를 세웠어요. 그리고 백성과 나라를 사랑한 정약용의 호를 붙여 '다산교'라고 부른답니다.

정약용 (1762~1836)
조선 후기 학자로 호는 다산, 사암, 여유당, 자하도인 등이다. 합리주의 정신으로 실학을 계승하고 서양의 과학 지식을 도입하였으며 암행어사로도 활약했다. 〈목민심서〉, 〈경세유표〉, 〈흠흠신서〉 등 많은 저서를 남겼다.

제 20 장
고산자 김정호를 기리는 고산자교

온통 하늘을 붉은 물감으로 칠해 놓고 산 너머로 해가 넘어가고 있었어요. 그것을 바라보며 깊은 생각에 잠겨 있는 한 소년이 있었어요.

'해가 넘어가는 산 너머 동네는 어떤 모습일까? 또 그 너머는? 우리가 살고 있는 땅은 도대체 어떻게 생겼을까?'

다음 날 소년은 마을 뒷산 꼭대기까지 올라갔어요. 세상이 더 넓게 보였어요. 산줄기 끝자락은 산줄기에 또 이어져 있었고 물줄기는 또 물줄기에 이어져 있었어요.

어느 날 소년은 놀라운 것을 보았어요. 글방에 갔다가 마을 지도를 본 것이지요. 그것은 소년이 살고 있는 황해도 토산 마을의 그림 지도였어요. 하지만 소년은 그것을 들여다보다 잘못 그려진 곳을 발견했어요.

'정확하지 않으면 소용없어!'

소년은 스스로 토산 마을 지도를 그리기로 결심했어요.

'새끼줄로 길을 재서 정확하게 그려 볼 거야.'

소년은 마을 어귀에서 장승까지 새끼줄로 거리를 쟀어요. 장승에서 글방까지 또 거리를 쟀어요. 하루 종일 새끼줄을 들고 왔다 갔다 하며 거리를 재느라 정신이 없었어요.

이 소년이 바로 조선 후기 실학자이자 지리학자인 고산자 김정호예요. 나이를 먹어도 김정호의 지도 만드는 일은 계속되었어요. 그는 농사일을 하면서도 지도를 생각했어요.

김정호는 어느 날 서울에서 온 듯한 선비를 우연히 만나게 되었어요. 왠지 그 선비는 새로운 것을 많이 알 것 같다는 생각이 들었어요. 김정호는 얼른 가까이 갔어요.

"혹 한성에서 오시나요?"

"그렇소만?"

"한성에 가면 정확한 지도가 있다고 들어서……."

"지도 말이오? 규장각에 가면 있지요."

"어떻게 그곳에 갈 수 있을까요?"

김정호는 자신이 지금껏 지도를 만들려고 애써 온 것을 선비에게 이야기했어요.

"규장각에 최한기라는 검서관이 있소. 내가 소개장을 써 줄 테니 만나 보시오."

김정호의 간절한 마음을 읽은 선비는 넓적한 바위 위에 종이를 놓고 소개장을 써 주었어요. 김정호는 가슴이 뛰어 숨이 막힐 것만 같았어요.

'한성에 가는 거야! 규장각에!'

김정호는 소개장을 가슴에 품고 파란 하늘을 올려다보았어요. 너무 기뻐 그만 큰 소리로 웃고 말았어요.

다음 날 아침 김정호는 당장 모든 채비를 하고 한성으로 떠났어요. 어서 새로운 문물과 규장각의 지도를 보고 싶었어요.

'규장각에서 내 소개장을 받아 줄까?'

한편으로는 염려도 되었어요. 설렘과 두려움을 안고 마침내 김정호는 한성에 도착해서 규장각을 찾아갔어요. 규장각에는 문지기가 굳게 닫힌

문을 지키고 있었어요.

'염려할 것 없어. 뜻이 있는 곳에 길이 있는 법이지.'

김정호는 이렇게 스스로에게 다짐하며 소개장을 문지기에게 내밀었어요. 문지기는 소개장과 김정호를 번갈아 살피더니 문 안으로 들어갔어요. 잠시 후 깔끔하게 차려입은 젊은 선비가 문지기와 함께 나타났어요.

"나는 최한기라고 하오. 친구의 소개장을 보았소. 마침 일을 마치고 나가려던 길인데 함께 우리 집으로 갑시다."

젊은 선비는 아주 친절하게 말했어요.

최한기는 훌륭한 학자였어요. 그는 주자학뿐만 아니라 천문학, 의학, 수학, 농학, 지리학에도 관심이 깊어 이것들을 정리하고 글로 쓴 사람이었어요. 그날 밤새도록 최한기와 김정호는 지도에 대한 이야기꽃을 피우며 즐거워했어요.

최한기는 그 뒤로 김정호의 가장 가까운 친구가 되었지요. 비교적 부유한 최한기는 원하는 책들을 마음껏 사 볼 수 있었어요. 최한기는 김정호에게 이런 책들을 아낌없이 빌려 주곤 했어요. 김정호는 최한기를 통해 비로소 서양 세계와 새로운 학문까지도 만나게 되었지요.

최한기를 만나고 돌아온 김정호는 어서 한성으로 이사하고 싶은 간절함 때문에 견딜 수가 없었어요. 가난한 김정호가 한성으로 이사하는 것은 쉬운 일이 아니었어요. 하지만 결국 김정호는 재산을 정리하여 한성으로 집을 옮기고야 말았어요.

한성으로 온 김정호는 지금의 중림동 근처 약현에 살 집을 마련했어요. 약현은 청계천이 가까워 생활이 편리한 곳이었지요.

김정호는 한성에 와서 한성 지도를 그리기 시작했어요. 그리고 청계천을 따라 걸어가 경복궁에 도착했어요. 김정호는 청계천을 중심으로 한성을 그리기 시작했어요. 남산에 올라가니 도성이 훤히 보이고 한강까지 보였어요. 김정호는 수도 없이 남산에 올라갔다 내려왔어요. 청계천에 놓인 다리들도 표시하고 경복궁도 그렸어요. 그 뒤로 북한산도 그려 넣었지요. 그리고 아내에게 자랑스럽게 설명했어요.

"여보, 이 물줄기가 우리 마을까지 오는 개천이오. 이 다리는 돌로 만든 수표교지."

한성으로 온 뒤로 김정호는 더욱 지도 그리기에 몰두했어요.

김정호가 31세 되었을 때 최한기는 이렇게 말했어요.

"이제 자네의 연구 결과를 책으로 엮어도 되지 않을까? 벌써 한성에 와서 지도를 연구한 게 10년이나 되지 않았는가?"

그리고 지도를 만드는 데 드는 비용을 도와주겠다고 했어요. 이왕 만드는 것이니 목판으로 만들기로 했어요. 그래야 한꺼번에 많은 양의 지도를 찍을 수 있기 때문이었지요.

마침내 김정호는 '청구도'라는 지도를 만들어 냈어요. 청구란 우리나라를 가리키는 다른 이름이지요. 청구도는 우리나라 전체 모양을 가로 22판, 세로 29층으로 나누어 그린 것으로 그것을 모으면 한 장의 큰 지도가 되었지요.

한 판과 한 층의 실제 거리는 가로 28킬로미터, 세로 40킬로미터인데 이것을 각각 가로 17.5센티미터와 세로 25센티미터로 줄였어요. 김정호는 여기에 마을의 길, 문화재, 산과 강, 역, 경계 등을 그려 넣었어요. 그리고 마을을 다시 군과 현 단위로 나눈 다음 집의 수, 땅의 면적, 병사의 수와 한성까지의 거리를 조사해서 지도의 빈 자리에 적어 넣었어요.

최한기는 청구도의 머리글을 이렇게 적었어요.

나의 벗 김정호는 어릴 때부터 지리학에 깊은 뜻을 두고 오랫동안 우리나라의 옛 지도와 중국의 수많은 지도를 연구했다. 그리하여 여러 지도의 좋고 나쁨을 살피어 깊이 생각한 끝에, 과학적인 방법으로 지도를 만들어 냈다. 이것이 바로 청구도이다.

김정호가 청구도에 몰두하고 있는 동안 최한기는 세계 지리에 관한 책을 쓰고 있었어요. 최한기는 중국에서 나온 책들이 너무 비싸 여러 사람을 위해 이 일을 꼭 해야 한다고 생각했어요. 하지만 최한기는 혼자 이 일을 해 나가기가 몹시 벅찼어요. 그래서 지리에 관한 글은 자신이 직접 쓰고 세계 지도 그림은 김정호에게 부탁했어요.

1834년 김정호는 '지구전후도'라는 세계 지도를 목판에 새겼어요. 그들은 이렇게 힘을 합쳐 1857년 세계 지리서인 〈지리전요〉를 완성했어요.

김정호는 최한기를 통해 새로운 친구를 한 명 더 사귀었어요. 오늘날 군대의 장교라고 할 수 있는 중추부 도사 최성환이었어요. 최성환은 군인이었지만 시를 보는 안목이 뛰어났고 알려진 부자였어요. 최성환도 최한기 못지않게 김정호를 돕기 위해 애를 썼어요.

그리고 또 한 사람이 김정호를 도왔지요. 나라의 국방을 지키려고 평생 노력했던 금위대장 신헌이었어요. 신헌은 나라를 튼튼히 하려면 정확한 지도가 필요하다고 생각했기에 김정호의 공로를 높이 인정했어요. 신헌을 통해 김정호는 국가 기밀문서인 비변사와 규장각의 지도까지 볼 수 있게 되었어요. 신헌은 나라를 위해 김정호에게 새로운 지도를 만들어 달라고 간곡히 부탁했어요. 김정호는 신헌의 권유로 다시 새 지도를 만들기로 결심했어요.

최한기와 최성환은 김정호가 아무 걱정 없이 새 지도를 만들 수 있도록 돈을 대 주기로 했어요. 특히 최성환은 군인이었기 때문에 군대와 국방에 관한 것을 많이 넣자고 했어요. 글씨를 쓰는 것은 최성환이 맡기도 했어요. 이렇게 해서 그들은 '여도비지'를 완성했어요.

여도비지는 새로운 지도를 만들기 위한 설계도라고 할 수 있었지요. 김정호는 여도비지를 바탕으로 마침내 전국 지도를 그리기 시작했어요. 우선 압록강과 두만강 이남의 땅을 16만 2천분의 1로 줄였어요. 그리고 청구도에서 부족했던 부분을 고쳐 물줄기나 도로의 방향, 산의 모양 등을 계속 이어지도록 했어요. 또 글자를 넣지 않고 읍, 역, 창고, 목장, 섬 등 여러 가지 지점을 스물두 가지 다른 모양의 지도 부호로 표시해 넣었어요. 뿐만 아니라 중요한 도로에는 4킬로미터마다 점을 찍어 거리를 알 수 있게 했어요.

　마침내 1861년(철종 12년) 새 지도가 완성되었어요. 이것이 '대동여지도'이지요. 22첩이나 되는 대동여지도는 크기만 해도 가로가 3미터, 세로가 7미터나 되었어요. 대동여지도는 신헌을 통해 국방을 튼튼히 하는 데 쓰여

졌고, 관리들이 우리나라 땅을 속속 알게 하여 잘 다스리는 데 보탬이 되었어요. 뿐만 아니라 장사하는 사람들은 전국을 쉽게 다닐 수 있어 여간 편리한 게 아니었어요.

김정호는 오로지 지도를 만들기 위해 일생을 바쳤어요. 정확한 지도도 없었을 뿐만 아니라 지도의 필요성도 잘 느끼지 못하던 시대였으니 김정호가 택한 길이 얼마나 외롭고 힘들었는지 짐작이 가지요. 간혹 그것을 안타까워하는 사람들에게 김정호는 이렇게 말하곤 했어요.

"나는 어떤 대가를 바라고 지도를 만들지 않았소. 다만 내가 원해서 했을 뿐이오. 내가 만든 지도가 사람들이 살아가는 데 조금이라도 도움이 됐으면 하오."

21세에 한성으로 와 중림동에 자리를 잡았던 김정호는 63세로 죽을 때까지 그곳과 가까웠던 봉래동, 만리동 등에서 살았어요.

고산자 김정호가 주로 살았던 부근의 길을 '고산자로'라고 부르지요. 성동구 행당동 왕십리 로터리에서 동대문구 제기동, 종암동 삼거리에 이르는 길이에요. 그리고 그 길 가까이 흐르고 있는 청계천 위에 김정호를 기리는 다리를 세웠어요. 그 다리는 김정호의 호를 붙여 '고산자교'라고 부르지요.

고산자교 위에 서면 지도를 그리려고 고산자로를 분주하게 다녔을 허름한 옷차림의 고산자 김정호가 떠오르지요. 김정호는 목판에 지도를 새겨 넣느라 피투성이가 된 손을 청계천에 내려와 말끔하게 씻곤 했을 거예요.

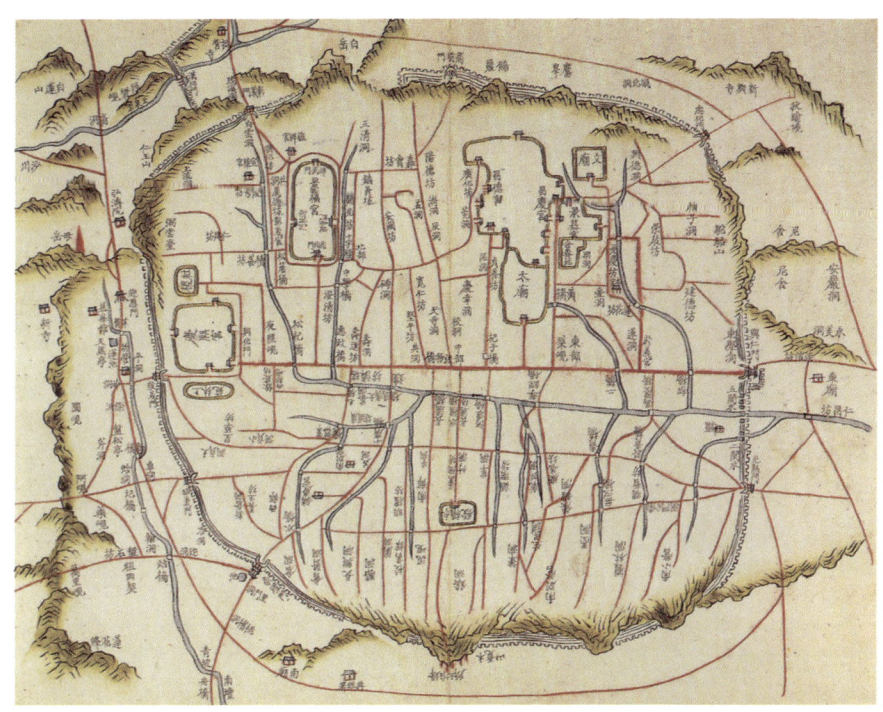

▲ 동여도
조선 후기 김정호가 제작한 전국 채색 지도로 목차 1첩과 지도 22첩 등 모두 23첩으로 구성되어 있다. 동여도는 22폭으로 나누어 그린 높이 약 7m의 지도로 우리나라 고지도 중에서 가장 많은 정보를 담고 있는 전국 지도이다. 2002년 12월 7일 보물 제1358호로 지정되었다.

수선전도 ▶
조선 후기 김정호가 그려서 목각한 서울의 목판 지도로 가로 67.5cm, 세로 82.5cm이다. 주요 도로와 시설, 궁전, 학교, 봉수, 누정, 역원 등을 표기하였다. 조선 시대 만들어진 목판 지도 중에서도 정확하고 제작 솜씨가 매우 뛰어난 것으로 평가되고 있다. 1986년 3월 14일 보물 제853호로 지정되었다.

제 21 장
3·1 운동을 기념하는 삼일교

> **을사조약**
> 1905년 11월 17일 대한제국 정부의 박제순과 일본제국 정부의 하야시 곤스케에 의해 중명전에서 체결된 불평등 조약이다. 조약 내용은, 일본 정부는 도쿄에 있는 외무성에서 한국의 외교 사무를 지휘한다는 것이었으며, 한국은 일본 정부를 통하지 않고는 외국과 어떤 조약도 맺을 수 없다는 것이었다. 또 일본은 한국에 통감을 두어 한국의 외교를 관리한다는 것이었다. 이에 민영환, 조병세, 이한응 등은 조약 반대를 외치며 자결, 순국하였다.

조선을 강제로 점령한 일본은 1905년 을사조약★을 맺고 사실상 우리나라를 식민지로 삼았어요. 이에 고종★은 1907년 네덜란드 헤이그에서 열린 제2회 만국평화회의★에 이상설, 이준, 이위종 세 사람을 특사로 보냈어요. 일본의 침략 사실을 세계에 알리려는 것이었지요. 세 명의 특사는 헤이그에서 그들이 머무는 집에 태극기를 내걸고 일본의 침략을 알리는 연설을 하는 등 우리나라의 사정을 세계에 알리기 위해 온갖 노력을 다했어요.

일본은 이들이 회의에 참석하지 못하도록 방해했어요. 그러자 이준 열사는 그곳에서 일본에 반항하며 자결했지요.

헤이그에 밀사를 보낸 것을 트집 잡아 일본은 고종을 강제로 덕수궁으로 내쫓고 감시를 했어요. 고종은 감옥에 갇힌 죄인과 다름없었어요. 왕위는 순종이 이어받았지만 순종 역시 아무 힘도 없었어요.

일본은 조선 군대까지 강제로 해산시켜 버렸어요. 그러자 조선 군인들은 의병과 합류하여 일본에 대항하기 시작했어요. 그들은 군복이 없어 서로 다른 옷을 입고 무기도 엉망이었지만 일본군을 몰아내야 한다는 강한 의지만은 누구도 당할 수가 없었지요.

일본은 조선 땅을 빼앗기 위해 토지 조사 사업을 시작했어요. 신고한 토지만 개인의 것으로 인정하는 법이었어요. 그런데 신고 절차가 복잡하고 까다로워 조선인들이 신고를 제대로 못하자 일본은 그 땅을 빼앗았어요. 뿐만 아니라 왕실이나 공공 기관의 땅도 모조리 빼앗아 대부분의 땅 주인은 일본인이었어요.

이제 우리 민족의 공동 목표는 오로지 일본과 맞서 싸워 나라를 찾는 일이었어요. 전국 각지에서 의병들이 일본군과 전쟁하는 동안 의사와 열사들의 활동이 나라 안과 밖에서 계속 되었어요.

고종(高宗 1852~1919)

조선 제26대 왕(재위 1863~1907). 명성황후와 대원군의 세력다툼 속에서 일본을 비롯한 열강의 내정 간섭을 겪었다. 개화, 수구의 양파가 대립하였고, 병자수호조약, 한·미, 한·영수호조약 등이 이루어졌다.

만국평화회의
제1차 회의는 1899년 26개국이 참가했고, 제2차 회의는 1907년 44개국이 참가한 가운데 네덜란드의 헤이그에서 개최되었다. 이 회의에서 참가국들은 군비축소와 평화유지 문제를 협의했으나 군비축소 문제에 대해서는 합의를 이루지 못했다. 특히 제2차 회의 때에는 고종이 이준·이상설·이위종 3명의 밀사를 파견하여 을사조약 등 일본의 부당한 침략행위를 폭로했다.

만국평화회의에 참여한 3명의 밀사 이준·이상설·이위종

안중근(1879~1910)

대한제국의 의병장, 정치 사상가이다. 이토 히로부미를 저격하고 순국하였다.

이토 히로부미(1841~1909)

주한특파 대사로서 을사조약(乙巳條約)을 강제로 체결하였고, 1905년 조선 통감부가 신설되자 초대 통감으로 부임하여 대한 제국 국권 강탈의 기초를 닦았다. 1909년에 만주 하얼빈에서 안중근에게 피살되었다.

1909년 10월 21일 안중근★은 우리나라 침략에 가장 앞장섰던 이토 히로부미를 쏘아 죽이기 위해 러시아 하얼빈으로 향했어요.

10월 26일 오전 9시 러시아 대표와 만나기 위해 이토 히로부미★가 특별열차를 타고 하얼빈 역으로 왔어요. 군악이 울려 퍼지고 이토 히로부미가 열차에서 내리자 안중근은 번개처럼 군중 속에서 빠져나오며 이토 히로부미를 향해 권총을 쏘았어요. 이토 히로부미가 쓰러졌지만, 안중근에게는 아직도 네 발의 총알이 더 남아 있었어요. 비서관 모리 타이지로, 하얼빈 총영사 가와카미 도시히코, 만주 철도 이사 다나카 세이타로를 차례로 쏘았어요. 그리고 만세를 불렀지요.

"대한 독립 만세! 대한 독립 만세!"

안중근은 현장에서 붙잡혀 모진 고문을 받다 뤼순 감옥에서 죽었어요. 안중근은 세계에 조선의 독립 의지를 분명히 보여 주었을 뿐만 아니라 모든 조선인에게 용기를 주었지요.

1919년 1월 21일 덕수궁에서 힘들게 생활하고 있던 고종이 갑자기 세상을 떠났어요. 이것이 일본에 의한 독살이라는 소문이 전국에 퍼져 백성들은 일본에 대한 분노를 누르지 못했어요. 백성들은 덕수궁 앞에 몰려와

왕의 죽음과 나라 잃은 것을 슬퍼하며 통곡했어요.

1919년 2월 8일 일본에 살던 조선 유학생들도 도쿄에서 조선 청년 독립단을 조직하고 다음과 같은 독립 선언서를 발표했어요.

우리 민족의 유일하고 정당한 방법은 우리 민족의 자유를 얻는 것이다. 만약 이것이 성공하지 못할 때는 우리 민족은 생존의 권리를 위하여 자유 행동을 취하되 최후의 한 사람에 이르기까지 반드시 자유를 위하여 더운 피를 쏟을 것이니, 일본이 만약 우리 민족의 정당한 요구에 응하지 않을 때에는 부득이 일본에 대하여 영원한 싸움을 선포한다.

한편 서울에서는 손병희, 이승훈, 한용운 등 33인이 고종의 장례식 날 만세 운동을 일으킬 것을 계획했어요. 사람들이 서울로 몰려들었을 때 함께 일본에 맞서려는 것이었지요.

그때 유관순은 이화학당의 학생이었어요. 유관순은 조선의 앞날을 걱정하는 애국 소녀였어요. 유관순에게도 고종의 죽음이 큰 충격이었어요. 유관순은 뜻이 맞는 친구 다섯 명과 이화학당 뒤뜰에 모여 나라를 위해 무엇이든 할 것을 다짐했어요. 이들은 국현숙, 서명학, 김희자, 유점선, 김분옥이었지요.

1919년 3월 1일 정오, 33인이 태화관에서 다음과 같은 독립 선언문을 낭독했어요.

우리는 여기에 우리 조선이 독립된 나라인 것과 조선 사람이 주인임을 선언하노라. 이것을 세계 모든 나라에 알려 인류가 평등하다는 큰 뜻을 밝히며 이것을 자손만대에 일러 우리 민족이 스스로 존재하는 마땅한 권리를 영원히 누리도록 하노라.

그리고 같은 시각에 청계천 가까이의 탑골 공원에도 학생과 시민들이 모여 33인의 이름으로 독립 선언서를 낭독하고 태극기를 흔들며 '대한 독립 만세'를 외치기 시작했어요. 지방 곳곳에서도 3월 1일 정오부터 독립 만세 운동이 일어났어요. 이것은 온 민족이 하나가 되어 일본에 대항한 거대한 만세 운동이었어요.

유관순과 그 친구들도 탑골 공원에서 함께 만세를 불렀어요. 그리고 다짐했어요.

'조선을 위해 끝까지 일본과 싸우리라!'

그날 33인은 모두 잡혀갔지요. 그리고 일본은 학교 문을 강제로 닫게 했어요. 유관순은 작은 보따리를 안고 교문을 나서며 눈물을 흘렸어요.

'독립 운동을 하리라.'

고향으로 돌아온 유관순은 청주에서 지령리까지 일일이 찾아다니며 마을 사람들과 만세 운동을 계획했어요.

음력 3월 1일 아우내 장터에 이른 아침부터 사람들이 모여들었어요. 이윽고 12시, 유관순이 대한 독립 만세를 외치자 모여든 군중들이 만세를 부르기 시작했어요. 그곳엔 떠나갈 듯한 함성이 계속되었어요. 일본이 총을 쏘아 대도, 비명을 지르며 사람들이 쓰러져도 만세 소리는 멈출 줄 몰랐어요. 아우내 장터의 함성은 다시 한번 조선을 흔들었어요. 유관순은 결국 잡혔고 18세의 꽃다운 나이에 모진 고문으로 숨져 갔어요.

만세 운동은 오랫동안 계속되었어요. 3, 4월 두 달 동안 7천 5백여 명이 죽고 1만 6천여 명이 다쳤어요. 제암리 사람들은 몽땅 교회 안에 갇힌 채 일본이 지른 불에 타 죽었어요. 끔찍한 일본의 탄압은 더욱 심해졌지요. 하지만 우리 민족은 목숨을 바쳐서 나라를 지켜 냈어요.

　탑골 공원에 들어서면 어디선가 만세 소리가 들려오는 것 같아요. 그리고 공원 밖으로 쏟아져 나오던 태극기의 물결을 상상해 보게 되지요. 청계천은 핏물이 되어 흘렀겠지요. 청계천 물길 위에는 3월 1일 그날을 잊지 않으려고 다리를 놓았지요. 그것이 '삼일교' 랍니다.

삼일교 현재 모습
1919년 3월 1일 탑골 공원에서 독립 선언을 한 뒤 일제에 항거하는 시위 운동을 벌인 것을 기념하기 위해 다리 이름을 삼일교라고 했다.

제 22 장
오간수교를 건너 떠난 마지막 왕

1874년 2월 8일(고종 11년) 창덕궁 안 관물헌에서 명성 황후*의 두 번째 왕자가 태어났어요. 바로 순종 임금이었지요. 첫 번째 왕자는 1871년 태어났지만 며칠 만에 죽고 말았어요. 그래서 순종은 고종과 명성 황후의 지극한 사랑을 받았고 다음 해 2월 왕세자에 책봉되었어요. 하지만 왕세자는 몸이 몹시 약했어요. 눈도 심각한 근시였지요. 명성 황후는 혹 후궁의 아들에게 왕위를 빼앗길까 봐 끊임없이 왕세자를 걱정했지요.

1894년 6월 일본은 경복궁에 침입하여 모든 것을 감독하기 시작했어요. 일본은 조선의 낡은 질서를 새로운 질서로 바꾸기 위해 도와준다고 했지만 관리 임명, 외국과의 조약,

명성 황후 (1851~1895)
고종의 비. 청일 전쟁에서 승리한 일본은 한반도에 진주한 군사력을 배경으로 조선 정계에 적극적으로 압력을 가하자 명성 황후는 친러정책을 내세웠다. 이에 일본 공사 미우라는 왕궁을 습격해 명성 황후를 시해하는 을미사변의 만행을 저질렀다. 명성 황후는 나이 45세로 살해되어 시체가 불살라지는 불행한 최후를 마쳤다.

법령의 폐지까지 일본 마음대로 정해 나갔어요.

1895년 5월 청일전쟁에서 승리한 일본은 한일 합방에 장애가 되는 명성 황후를 죽이기로 결정했어요. 명성 황후가 러시아와 친하게 지내며 일본을 계속 배척했기 때문이지요.

1895년 미우라와 일본 군인들이 경복궁으로 떼 지어 몰려왔어요. 미우라는 왕비가 어디 있느냐며 궁녀들에게 다그쳤어요. 제대로 대답을 안 하자 머리채를 잡아당기거나 내던지기까지 했어요. 순식간에 궁궐은 아수라장이 되었어요.

왕비에게 피신할 시간을 주기 위해 고종이 그들 앞에 달려 나왔어요. 하지만 일본군은 큰 칼로 왕을 밀고 그 앞에서 궁녀들의 머리채를 잡아 질질 끌고 다녔어요.

"왕비는 어디 있느냐?"

일본군은 왕세자도 끌어내 시퍼런 칼로 위협했어요.

왕세자는 궁녀의 옷으로 갈아입은 어머니가 도망치는 것을 보았어요.

'아! 어마마마.'

왕세자는 속으로 외쳤어요.

일본군은 공주의 머리를 잡은 채 끌고 나와 칼로 베고 내던졌어요. 그러는 사이 명성 황후도 결국 잡혔지요. 왕세자는 울부짖으며 달려갔어요. 명성 황후는 이미 칼에 찔렸지만 살아 있었어요.

"어마마마, 괜찮으세요?"

왕세자는 울먹거렸어요.

명성 황후가 아들의 손을 잡으려는 순간 일본군이 명성 황후를 큰 칼로 베어 버렸어요.

일본군은 아무 방이나 들어가 비단으로 된 누비이불을 가지고 나와 왕비를 둘둘 말아 묶었어요. 그리고 사슴 공원 부근 작은 소나무 숲으로 시체를 가져갔어요. 장작을 시체 주위에 둘러치고 등유를 부었지요. 이 모든 일은 1시간 안에 일어났어요. 조선의 왕비는 이렇게 죽었어요.

고종과 왕세자는 자기들에게도 닥쳐올지 모르는 죽음의 공포 속에 시달렸어요. 일본의 침략 세력은 이미 궁중 깊숙이 파고들어 왕과 왕세자의 주변에는 항상 감시의 눈이 번득이고 있었어요. 그러던 중 1898년 독차 사건이 일어났어요. 김홍륙이라는 자가 고종과 왕세자를 독살하려고 독이 든 커피를 접대한 것이에요. 왕세자는 이 커피를 한 모금 마시고 크게 고생을 했어요. 그 후로는 자물쇠로 잠근 상자에 음식을 넣어 가져왔다고 해요. 왕과 왕세자는 손을 잡고 측은하게 흐느끼곤 했지요.

1905년 일본은 고종의 거부에도 불구하고 을사조약을 맺고 우리나라를 지나치게 간섭하기 시작했어요. 결국 1907년 헤이그 밀사 사건으로 고종은 물러나고 순종이 왕위를 물려받게 되었어요. 순종은 고종의 곁을 떠나 창덕궁에 있으면서 전보다 더한 감시에 시달려야 했어요. 순종은 건강이

더 나빠졌어요. 일본은 순종을 위로한다며 창경궁 안에 박물관을 만들더니 동물원과 식물원도 만들었어요. 이제 창경궁은 아무나 들어와 동물과 식물을 구경하는 창경원이 되고 말았어요.

결국 1919년 1월 21일 고종마저 세상을 떠났어요. 계속되는 불행을 이겨 내기가 버거웠던 순종은 극도로 몸이 쇠약해졌어요. 몸이 자주 붓더니 걷는 것마저 힘든 상태가 되고 말았지요. 결국 1926년 4월 25일 새벽 6시 순종은 숨을 거두었어요.

나라를 잃은 백성에게 조선 왕조의 마지막 임금이 세상을 떠났다는 것은 큰 충격이었어요. 서울은 물론이고 지방 곳곳에서 사람들이 창덕궁 돈화문 앞 광장에 모여들었어요. 그들은 무릎을 꿇고 통곡을 했어요. 그리고 일본을 의심했어요.

"폐하께서 왜 돌아가셨다고 생각하는가? 일본이 죽인 게 분명해. 분명 폐하의 음식에 독을 넣은 거야."

사람들은 대부분 그렇게 생각했어요. 일본은 걱정이 되었어요. 고종 황제의 장례식 날을 기해 일어났던 3·1독립운동 같은 만세 사건이 또 일어날 수 있기 때문이었지요. 그래서 서울, 인천, 파주, 수원, 개성 등지에 경

찰을 더 많이 보내고 창덕궁 돈화문 앞에는 임시 경비 사령부를 설치했어요. 말을 탄 일본 경찰과 헌병들은 무서운 눈으로 여기저기를 감시하며 돌아다녔어요.

순종의 능은 경기도 남양주시 금곡동의 유릉으로 정해졌어요. 그곳으로 가려면 청계천의 오간수교를 건너야 했어요. 그래서 6월 순종의 장례 행렬이 건널 수 있도록 오간수교의 폭을 넓히는 공사가 시작되었어요. 오간수교에는 원래 두 간 반이던 전찻길이 놓여 있었는데 인부 2천 5백 명을 동원하여 네 간 반으로 넓히기로 했어요. 일본은 이처럼 순종의 장례를 위해 최선을 다하는 모습을 보이려고 애썼어요. 하지만 백성들은 일본의 속임수에 넘어가지 않았어요.

결국 4월 28일 금호문 사건이 일어났어요. 청년 송학선*은 순종의 죽음에 큰 충격을 받았어요. 송학선은 순종의 빈소(상여가 떠날 때까지 관을 놓아두는 방) 출입문인 금호문으로 달려갔어요. 송학선은 사이토 총독을 죽이려고 계획하고 가슴에 칼을 품고 있었어요. 마침내 4월 28일 1시 10분경 차 한 대가 금호문 안에서 나오고 있었어요. 군중 속에서 누군가 '사이토 총독이다!' 하고 외쳤어요. 순간 송학선은 자동차로 달려 들어가 뒷자리 중앙에 앉은 사람과 송학선을 막

송학선(1893~1926)

일본인 밑에서 고용살이를 하며 일제에 대한 원한이 쌓였고, 항일의식에 눈뜨기 시작하였다. 그리하여 이토를 사살한 안중근을 숭배하고, 자기도 총독 사이토를 사살하기로 결심하였다. 1926년 4월 25일 순종이 죽자, 사이토가 조문하기 위해 창덕궁으로 올 것을 기대하고 4월 28일 금호문 앞에 나아가 대기하였다. 오후 1시 30분경 일본인 3명이 탄 자동차가 금호문으로 들어오는 것을 보고 비호같이 자동차에 뛰어올라 이들을 찔렀다. 그러나 이들은 총독 일행이 아니라 경성부회 평의원이었다. 현장에서 붙잡혀 1926년 11월 10일 사형이 확정, 순국하였다.

으려는 왼쪽에 앉은 사람을 차례로 찌르고 도망쳤어요.

이 일로 송학선은 다음 해 4월 서대문 형무소에서 사형을 받았지요. 하지만 송학선이 찌른 사람은 불행히도 사이토 총독이 아니라 경성부협의원으로 있던 일본인이었어요. 금호문 사건은 6·10만세운동의 불씨가 되었어요.

1926년 6월 10일 순종의 장례 행렬이 종로를 지나갔어요. 전국 방방곡곡에서 몰려든 학생과 시민들은 대한 독립 만세를 외치며 시위를 벌였어요. 일본 경찰이 무자비하게 막아도 그들의 분노는 꺼지지 않았어요. 종로3가는 시위대의 눈물과 만세 소리로 폭발할 것 같았어요. 백성들의 원한과 통곡을 뒤로 한 채 순종의 장례 행렬은 청계천 오간수교를 건너갔어요. 마지막 조선 왕조의 모습이었지요.

현재 복원된 오간수문과 오간수교

부록

- 그림으로 보는 청계천 다리
- 자세히 알아보는 청계천
- 조선왕위 계보도
- 조선왕조 약사

그림으로 보는 청계천 다리

자세히 알아보는 청계천

다리 이름	위치	다리 주변 모습	특징
모전교	서린동	무교동 낙지 골목	과일 가게인 모전이 있던 곳
광통교	서린동	서울글로벌센터 영풍문고	조선 시대 청계천에서 가장 넓은 다리였음
광교	남대문로 1가	보신각	광통교가 있던 자리에 새롭게 놓임
장통교	삼각동	중구 문화원	장통방이 있던 곳
삼일교	삼일대로/관철동	탑골 공원	3·1운동을 기념함
수표교	관수동	중부 경찰서	수표석을 세움
관수교	장사동	서울 청소년 수련관	준천사가 있던 곳
세운교	장사동	세운 상가	소경들이 모여 살던 효경교의 새로운 이름
배오개다리	창경궁로/예지동	광장 재래 시장	배오개 고개의 이름을 빌려 옴
새벽다리	예지동	방산 종합 시장	활기찬 새벽 시장에서 비롯된 이름
마전교	종로5가	동대문 시장	소와 말을 팔던 곳
나래교	종로5가	평화 시장	우리 옷이 세계 패션으로 날아오를 것을 기대하는 이름
버들다리	종로5가	헌책방 거리	왕버들이 많았던 곳이라는 것에서 유래
오간수교	종로6가	흥인지문	청계천 물이 도성을 빠져나가던 곳
맑은내다리	창신동	동문 시장	청계천을 순 우리말로 바꾼 이름
다산교	다산로	종로 구민 회관	다산 정약용을 기념하는 다리
영도교	숭인동	동묘 공원	단종과 정순 왕후가 이별한 다리
황학교	난계로(청계8가)	우산각 어린이 공원	황학이 날아왔다는 전설에서 비롯된 이름
비우당교	상왕십리동	서울 풍물 시장	유관 선생의 집인 비우당에서 비롯된 이름
무학교	무학로	청계7경 터널 분수	무학 대사를 기념하는 다리
두물다리	마장동	청계천 문화 전시관	청계천과 중랑천이 만나는 두물머리에서 세워짐
고산자교	고산자로	용두 공원 & 동대문 구청	고산자 김정호를 기념하는 다리

조선왕위 계보도

* 세자로 책봉되었으나 즉위하기 전에 죽은 왕은 붉은색으로 표시함

〈출처 : 두산백과사전〉

조선왕조 약사 (1392~1910, 518년간, 총 27대)

代	왕명	재위기간	약사
1대	태조(太祖, 1335~1408)	1392~1398	휘는 성계(成桂). 고려 말 무신으로 왜구를 물리쳐 공을 세우고, 1388년 위화도 회군으로 고려를 멸망시키고 1392년 조선 왕조를 세움.
2대	정종(定宗, 1357~1419)	1398~1400	휘는 방과(芳果). 즉위 2년 만에 방원에게 왕위를 빼앗김.
3대	태종(太宗, 1367~1422)	1400~1418	휘는 방원(芳遠). 태조가 조선을 세우는데 공헌 하였으며, 왕자의 난으로 왕위에 오른 후, 조선 왕조의 기틀을 세움.
4대	세종(世宗, 1397~1450)	1418~1450	휘는 도, 태종의 셋째 아들. 집현전을 두어 학문을 장려하고 훈민정음을 창제함
5대	문종(文宗, 1414~1452)	1450~1452	휘는 향(珦). 학문에 밝았으며 유교적 이상 정치를 베품.
6대	단종(端宗, 1441~1457)	1452~1455	12살에 왕위에 올랐으나 계유사화로 수양 대군에게 죽임을 당함.
7대	세조(世祖, 1417~1468)	1455~1468	휘는 유. 경국대전(經國大典)을 편찬하여 법치 국가의 기틀을 마련함.
8대	예종(睿宗, 1450~1469)	1468~1469	휘는 황. 세조 때부터 시작한 경국대전을 완성 시킴.
9대	성종(成宗, 1457~1494)	1469~1494	휘는 혈. 학문을 좋아하고 숭유억불, 인재 등용 등 조선 초기의 문물 제도를 완성함.
10대	연산군(燕山君, 1476~1506)	1494~1506	휘는 융. 무오사화, 갑자사화, 병인사화를 일으켜 많은 선비를 죽임. 중종반정으로 폐위됨.
11대	중종(中宗, 1488~1544)	1506~1544	휘는 역. 혁신 정치를 기도하였으나 훈구파의 원한으로 실패하고 1519년 기묘사화, 신사사화를 초래함.
12대	인종(仁宗, 1515~1545)	1544~1545	기묘사화로 없어진 현량과를 부활함.
13대	명종(明宗, 1534~1567)	1545~1567	휘는 환. 12세에 즉위하여 을사사화, 정미사화, 을유사화, 을묘왜변을 겪음.
14대	선조(宣祖, 1552~1608)	1567~1608	명종이 후사 없이 승하하자 16세에 즉위. 이이, 이황 등의 인재를 등용하여 선정에 힘썼으나 당쟁과 임진왜란으로 시련을 겪음.

15대	광해군(光海君, 1575~1641)	1608~1623	휘는 혼. 당쟁으로 임해군, 영창 대군을 역모로 죽이고(계축사화), 인목대비를 유폐하는 등 패륜을 저지름. 명나라와 후금에 대한 양면 정책으로 난국에 대처함.
16대	인조(仁祖, 1595~1649)	1623~1649	광해군을 몰아내고 왕위에 올랐으나 이괄의 난, 병자호란, 정묘호란을 겪음.
17대	효종(孝宗, 1619~1659)	1649~1659	휘는 호. 병자호란으로 형인 소현 세자와 함께 청나라에 볼모로 8년간 잡혀 갔다 돌아와 즉위 후 이를 설욕하고자 국력을 양성하였으나 뜻을 이루지 못함.
18대	현종(顯宗, 1641~1674)	1659~1674	휘는 연. 즉위 초부터 남인과 서인의 당쟁에 의해 많은 유신들이 희생됨. 대동법을 전라도에 실시함.
19대	숙종(肅宗, 1661~1720)	1674~1720	남인, 서인의 당파싸움(기사사화)과 장희빈으로 인한 내환이 잦음. 대동법을 전국으로 확대하고, 백두산 정계비를 세워 국경을 확정함.
20대	경종(景宗, 1688~1724)	1720~1724	휘는 윤. 숙종의 아들로 장희빈 소생. 신임사화 등 당쟁이 절정에 이름.
21대	영조(英祖, 1694~1776)	1724~1776	탕평책을 써서 당쟁 제거에 힘썼으며, 균역법 시행, 신문고 부활, 동국문헌비고 발간 등 부흥의 기틀을 만듦.
22대	정조(正祖, 1752~1800)	1776~1800	휘는 산. 규장각을 설치하고 실학을 발전시킴.
23대	순조(純祖, 1790~1834)	1800~1834	휘는 공. 신유사옥 등 천주교 대탄압이 있었음. 1811년 홍경래의 난이 일어남.
24대	헌종(憲宗, 1827~1849)	1834~1849	휘는 환(奐). 8세에 즉위했으며 기해사옥이 일어남.
25대	철종(哲宗, 1831~1863)	1849~1863	휘는 변. 헌종이 후사 없이 죽자 대왕대비 순원 왕후의 명으로 즉위함. 진주 민란 등의 민란이 많았음.
26대	고종(高宗, 1852~1919)	1863~1907	휘는 희(熙). 대원군과 민비의 세력 다툼, 구미 열강의 문호 개방 압력에 시달림. 1907년 헤이그 밀사 사건으로 퇴위.
27대	순종(純宗, 1874~1926)	1907~1910	이름은 척(拓). 1910년 일본에게 나라를 빼앗김. 이왕(李王)으로 불림.

사진제공
p16. 무학대사–한국학중앙연구원
p35. 광통교–서울신문사
p50. 앙부일구–문화재청
p56. 수표교와 수표 – 국사편찬위원회
p96. 오간수문 – 서울역사박물관
p123. 영조–문화재청
p125. 어전준천제명첩 – 부산박물관
p125. 준천사실 – 한국학중앙연구원
p167. 정약용 – 다산연구소
p177. 동여도, 수선전도 – 서울역사박물관